폭신하고 달콤한 프랑스 디저트

Dacquoise

다쿠아즈

장은영 지음

지은이 장은영

커피 내리는 오라버니, 쿠키 굽는 엄마와 함께 '카페장쌤' 홍대점과 일산마두점 두 곳을 운영하고 있다. 카페장쌤에서는 시그니처 메뉴인 다쿠아즈, 파운드케이크, 케이크와 함께 디저트 애호가들의 많은 사랑을 받고 있는 쿠키, 푸딩, 다양한 종류의 구움과자들도 판매하고 있다.

대학 시절부터 베이킹의 매력에 흠뻑 빠져 홍대 인근에서 '아뜰리에 제이'라는 이름으로 베이킹 클래스를 시작했으며, 클래스에서는 장쌤만의 다양한 디저트 레시피를 쉽고 맛있게 만드는 노하우를 취미로 시작하는 분들부터 카페 창업자 분들까지 다양한 분들에게 전수하고 있다.

저서로는 『Pound Cake 파운드케이크』, 『Bottle Dessert 보틀 디저트』가 있다.

인스타그램	@jangssamcafe
블로그	blog.naver.com/jangssamcom

폭신하고 달콤한 프랑스 디저트
다쿠아즈

더 테이블
THE TABLE

- (주)더테이블은 '새로움' 속에 '가치'를 담는 취미·실용·예술 출판 브랜드입니다.

- 이 책은 저작권법에 따라 보호받는 저작물이므로 무단 전제 및 복제를 금하며, 이 책 내용의 전부 또는 일부를 이용하려면 반드시 저작권자와 (주)더테이블의 서면 동의를 받아야 합니다.

- 잘못된 책은 구입하신 서점에서 바꾸어드립니다.

- 도서에 관한 문의는 이메일 (thetable_book@naver.com)로 연락주시기 바랍니다.

- 책값은 뒤표지에 있습니다.

초판 1쇄 발행	2018년 10월 15일
초판 8쇄 발행	2022년 9월 20일
지은이	장은영
펴낸이	박윤선
발행처	(주)더테이블
기획·편집	박윤선
디자인	한희정
사진	김남현
영업·마케팅	김남권, 조용훈, 문성빈
경영지원	손옥희, 김효선
주소	경기도 부천시 조마루로385번길 122 삼보테크노타워 2002호
홈페이지	www.icoxpublish.com
쇼핑몰	www.baek2.kr (백두도서쇼핑몰)
인스타그램	@thetable_book
이메일	thetable_book@naver.com
전화	032) 674-5685
팩스	032) 676-5685
등록	2015년 7월 9일 제 386-251002015000034호
ISBN	979-11-979887-1-4

Dacquoise

Prologue

중학생이던 시절, 마트에서 사 온 도넛믹스로 반죽을 하고 밥그릇과 컵으로 모양을 찍어 만들었던 도넛이 저의 첫 베이킹이었어요. 가족들도, 친구들도 '맛있다!'라고 해줬을 때의 그 짜릿한 기분이란. 아마도 그걸 잊지 못해 이 길로 들어선 것 같아요.

작업실이 없던 시절에는 여행 가방에 도구들을 담고 지방 행사 수업을 다니거나 함께 모여 만드는 정모를 진행하기도 했는데 그러다 덜컥 공방을 차리게 됐어요. 어린 나이에 시작했던 공방에 오신 분들은 대부분 저보다 나이가 많으셨어요. 선생님이라는 호칭보다 좀 더 가벼운 '장쌤'으로 불리기 시작한 것도 이때부터였을 거예요. 지금 생각해보면 실수투성이에 수업 시설도 좋지 않았는데 너그럽게 이해해주셔서 마냥 신나게 작업을 했었어요.

그렇게 수업을 하다 보니 내가 만든 디저트를 더 많은 사람들이 먹었으면 좋겠다는 생각에서 '카페 장쌤'을 오픈하게 되었어요. 처음에는 디저트를 덤으로 드리거나 제가 먹는 게 더 많을 정도로 손님이 없었지만 단골 분들을 통해 알음알음 알려져서 지금은 많은 분들이 와주시는 곳이 됐어요. 손님이 많아져서 너무 힘들겠다고 걱정하시는 분들도 많지만 여전히 저는 이 일을 하는 게 행복해요. 새벽 시간에 좋아하는 음악을 들으며 작업하는 그 순간순간이 아직도 참 좋습니다. 저는 여러분들도 이 책을 통해 즐겁게 베이킹을 하셨으면 좋겠어요. 맛있는 것을 직접 만들어서 나누는 기쁨은 덤으로 느끼실 수 있을 거예요.

저는 어떤 일을 하기 전에 걱정부터 하는 사람이라 출판 제안을 받았을 때부터 지금까지도 참 많은 고민을 했어요. 하지만 다쿠아즈는 제가 좋아하는 디저트이고 카페에서도 손님들이 많이 좋아해주시고 또 그동안 많은 수업을 해왔기 때문에 괜찮은 책을 만들 수 있겠다는 생각이 들었어요. 베이킹이 서툰 분들을 위해 가능하면 쉽게 설명하려고 했고 구하기 쉬운 재료들을 사용했어요. 처음부터 완벽하게 만들기는 어렵겠지만 여러 번 반복해서 만들다 보면 어느 순간 감을 잡을 수 있으실 거예요. 이 책이 그 길잡이가 되기를 바랍니다.

저에게 행복한 기회를 주신 (주)아이콕스 박윤선 팀장님, 항상 카페에서 함께 해주는 예쁜 엄마와 오라버니, 바쁜 아내 덕분에 한동안 쓸쓸했을 남편, 저의 성장을 오랫동안 지켜보며 응원해주신 수강생 분들과 이 책을 선택해주신 모든 분들께 정말 감사드립니다. 항상 건강하세요.

저자 장은영

프랑스 정통 디저트, 다쿠아즈^{Dacquoise}

'다쿠아즈'는 달걀흰자에 설탕을 넣고 거품을 낸 머랭에 아몬드가루 또는 헤이즐넛가루를 넣어 만든 디저트로 겉은 파삭하고 속은 촉촉하고 부드러운 과자입니다. 다쿠아즈는 프랑스 남서부에 위치한 닥스^{DAX}라는 마을에서 시작되었습니다. 닥스 지방 출신의 가스통 르 노트르^{Gaston le Notre}가 일요일 미사가 끝나고 식구들이 함께 머랭 케이크를 만들어 먹었던 것을 1950년부터 프랑스 전역에 클래식 케이크로 등록한 것이 그 시작이었습니다. 다쿠아즈는 보통 커다란 원형 모양으로 구워 과일, 버터크림 등을 곁들여 먹었습니다. 이것이 프랑스 전역으로 퍼지고 다쿠아즈 비스퀴^{biscuit}가 되면서 케이크로 발전이 되었습니다. 현재도 프랑스에서 다쿠아즈는 과자 형태가 아닌 케이크 형태인 '슈세^{succes}'라는 이름으로 판매되고 있습니다.

이 과자를 현재의 작은 타원형 모양으로 변형하고 두 개의 다쿠아즈 사이에 크림을 샌드하는 형태로 만든 것은 일본의 한 제과점이었습니다. 일본에서는 어느 제과점에 가더라도 다쿠아즈가 있을 만큼 다쿠아즈는 보편화된 디저트입니다. 프랑스에서 시작되었지만 정작 프랑스에서는 과자 형태의 다쿠아즈는 쉽게 찾아볼 수 없고 케이크의 형태로 만들거나 케이크의 시트로 이용하는 경우가 많습니다. 그래서인지 다쿠아즈 레시피 책을 준비한다고 했을 때 신기하다고 말씀 하셨던 프랑스 셰프의 표정이 생각납니다. 요즘 한국에서는 마카롱 못지않게 다쿠아즈의 맛과 형태가 다양해지면서 인기 있는 디저트로 각광받고 있습니다. 이 책을 통해 더 많은 분들이 다쿠아즈를 즐기게 되기를 바랍니다.

/ 이 책을 활용하는 방법

CLASS 01. 준비하기

베이킹 초보자를 위한 수업입니다. 본격적으로 다쿠아즈를 만들기 전에 도구와 재료에 대해 이해하는 것이 좋습니다. 특히 '오븐 사용법'과 '짤주머니 사용법'은 다쿠아즈를 만들 때 가장 중요한 부분이니 꼭 알아두세요.

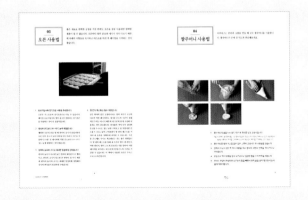

CLASS 02. 다쿠아즈 시트 만들기

본격적인 다쿠아즈 수업을 시작합니다. 다쿠아즈를 처음 만들어보는 분들이라면 이 수업에서 소개하는 플레인 시트를 친절한 레시피에 따라 만들면서 시트 만들기를 연습해보세요. 시트 만들기에 익숙해졌다면 이 책에서 소개되는 어떤 시트라도 어렵지 않게 만들 수 있습니다.

▶ 완성된 플레인 시트는 '캐러멜헤이즐넛 다쿠아즈', '군고구마 다쿠아즈', '애플파이 다쿠아즈'에 사용할 수 있습니다.

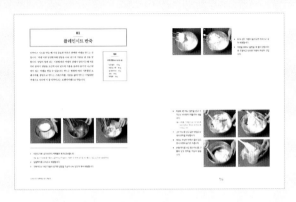

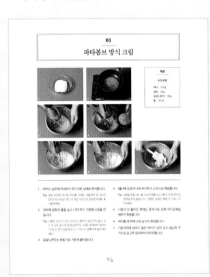

CLASS 03. 다쿠아즈 크림 만들기

다쿠아즈의 맛을 좌우하는 중요한 수업입니다. 다쿠아즈에 사용되는 크림을 만드는 방법은 '파타봄브' 방식과 '앙글레즈' 방식이 있으며 다쿠아즈에 따라 알맞은 방식으로 선택됩니다. 베이킹 초보자라면 이 책에서 주로 사용하는 파타봄브 방식 크림 레시피의 재료 양을 2배로 늘려 연습해보세요. 양이 적을수록 시럽이 빨리 굳어 작업하기 어렵게 느껴질 수 있기 때문입니다.

▶ 파타봄브 방식으로 완성된 플레인 크림은 '카페라테 다쿠아즈', '애플파이 다쿠아즈', '트리플베리 다쿠아즈', '아몬드크럼블 다쿠아즈', '래밍턴'에 사용할 수 있습니다.

CLASS 04. 장쌤의 다쿠아즈 레시피

카페 장쌤의 인기 디저트이자 인기 클래스 메뉴인 다쿠아즈 레시피를 공개합니다. 다쿠아즈는 시트와 크림 외에도 가나슈, 커드, 잼, 소스, 토핑 등 다양한 필링 재료가 추가되면서 맛이 더 풍성해집니다. 수많은 디저트 애호가들이 사랑한 레시피를 클래스 방식 그대로 쉽고 친절하게 알려드립니다.

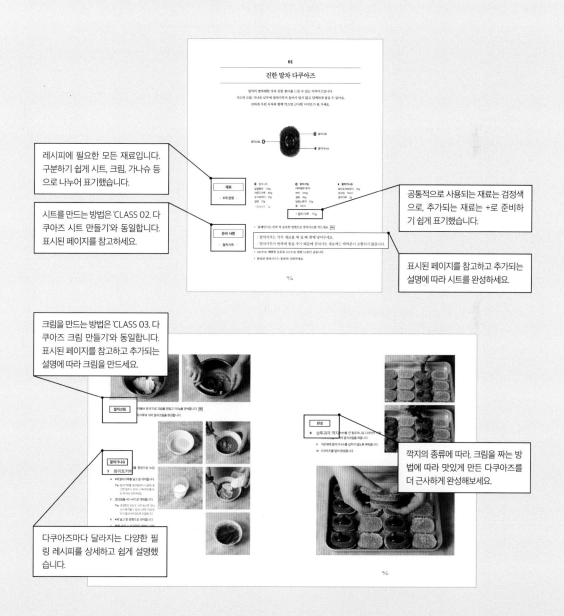

레시피에 필요한 모든 재료입니다. 구분하기 쉽게 시트, 크림, 가나슈 등으로 나누어 표기했습니다.

시트를 만드는 방법은 'CLASS 02. 다쿠아즈 시트 만들기'와 동일합니다. 표시된 페이지를 참고하세요.

공통적으로 사용되는 재료는 검정색으로, 추가되는 재료는 +로 준비하기 쉽게 표기했습니다.

표시된 페이지를 참고하고 추가되는 설명에 따라 시트를 완성하세요.

크림을 만드는 방법은 'CLASS 03. 다쿠아즈 크림 만들기'와 동일합니다. 표시된 페이지를 참고하고 추가되는 설명에 따라 크림을 만드세요.

깍지의 종류에 따라, 크림을 짜는 방법에 따라 맛있게 만든 다쿠아즈를 더 근사하게 완성해보세요.

다쿠아즈마다 달라지는 다양한 필링 레시피를 상세하고 쉽게 설명했습니다.

/CONTENTS

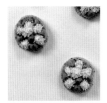

CLASS 05.
다쿠아즈 케이크

SPECIAL CLASS.
다쿠아즈 더 맛있게 즐기기

CLASS 01

준비하기

01
필수 도구

다양한 다쿠아즈를 만들기 위한 필수 도구를 소개합니다. 다쿠아즈만을 위한 특별한 도구가 아닌 모든 베이킹에 기본적으로 필요한 도구들입니다.

체

모든 가루 재료는 체에 걸러 사용합니다. 체로 거르면 가루가 뭉치지 않고 가루 사이사이에 공기가 들어가 재료들이 잘 섞이며 불순물도 제거할 수 있습니다. 체는 우유나 물에 우려낸 홍찻잎을 거를 때에도 사용하는데 거르는 재료의 크기에 맞게 망의 촘촘함이 적당한 것을 고르는 것이 좋습니다.

주걱

반죽을 섞을 때 사용합니다. 나무주걱과 고무주걱이 있는데 다쿠아즈를 만들 때에는 열에 강하고 탄력이 있는 실리콘주걱을 사용하는 것이 편리합니다.

볼

반죽을 하거나 크림을 만들 때 사용하는 도구입니다. 머랭을 만들 때나 반죽을 할 때에는 깊은 볼을, 머랭에 가루를 섞을 때는 넓적한 볼을 사용하는 것이 편리합니다.

짤주머니

다쿠아즈 반죽을 틀 안에 채우거나 성형할 때, 여러 가지 크림 종류를 짤 때 사용합니다. 짤주머니는 천으로 만들어 반영구적으로 사용하는 것과 일회용으로 만들어진 것이 있습니다. 되직한 반죽을 짤 때에는 천으로 만들어진 것이 편리합니다. 다쿠아즈를 만들 때는 주로 18인치 짤주머니를 사용하지만 너무 작은 사이즈만 아니라면 크기는 크게 중요하지 않습니다.

온도계

정확한 온도를 체크할 때 사용합니다. 막대온도계를 사용할 때에는 냄비 바닥에 닿지 않도록 주의하세요.

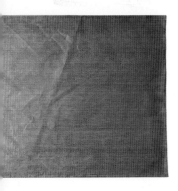

테프론시트(실리콘페이퍼) 또는 유산지

철판 위에 깔고 그 위에 반죽을 올릴 때 사용합니다. 유산지가 일회용인 반면 테프론시트는 사용 후 세척해 반영구적으로 사용할 수 있습니다. 테프론시트를 사용하는 것이 일반 유산지를 사용하는 것보다 다쿠아즈 반죽이 더 잘 떨어집니다.

계량 저울

베이킹은 정확한 계량이 필수이기 때문에 저울이 반드시 필요합니다. 눈금저울은 무게를 정확하게 읽기 어려우므로 최소 단위가 1g 이하인 전자저울이 베이킹용으로 가장 적합합니다. 최대 중량이 1kg인 저울보다 2kg 또는 3kg인 저울이 많은 양을 작업할 때 더 편리합니다.

스크레이퍼

다쿠아즈 반죽 윗면을 편평하게 정리하거나 볼 안에 남은 반죽을 긁어낼 때 사용합니다. 모양과 재질이 다양하며 다쿠아즈를 만들 때에는 주로 플라스틱 제품을 사용합니다.

804.
원형 깍지

195.
상투과자 깍지

E6K.
별 깍지

깍지

짤주머니에 끼워 반죽이나 크림을 모양내어 짤 때 필요하며 원형, 빗살무늬, 별모양 등 다양한 종류가 있습니다. 깍지마다 제품 번호가 있는데 이 책에서 다쿠아즈를 만들 때에는 주로 195번(상투과자 깍지), 804번(원형 깍지), E6K번(별 깍지)을 사용합니다.

핸드믹서 거품기

재료를 간편히 섞거나 머랭, 생크림을 쉽고 빠르게 만들도록 도와줍니다. 속도가 여러 단계로 나눠진 제품이 편리합니다. 일반 거품기로도 머랭이나 생크림을 휘핑할 수 있지만 시간이 오래 걸리고 많은 힘이 듭니다. 또한 속도 조절이 어려워 거친 상태의 크림이 되기 쉽고 조밀한 머랭을 만들기도 어렵기 때문에 베이킹 초보자는 핸드믹서 거품기를 사용하는 것이 좋습니다.

다쿠아즈 틀 또는 오븐 팬(철판)

다쿠아즈 틀은 다쿠아즈 반죽의 모양을 만들기 위해 필요한 도구입니다. 틀은 스테인리스로 만든 것과 아크릴로 만든 것이 있으며 하트, 원형, 꽃모양 등 다양한 형태의 제품이 있습니다. 다쿠아즈는 주로 타원형 틀을 사용하지만 취향에 따라 다양한 모양 틀을 사용할 수 있습니다. 틀이 없다면 오븐 팬에 테프론시트나 유산지를 깔고 짤주머니로 반죽을 짜 모양을 낼 수도 있습니다.

02

기본 재료

다쿠아즈를 만드는 데 기본이 되는 재료와 다양한 필링의 맛과 향을 내는 여러 가지 부재료를 소개합니다. 좋은 재료를 사용했을 때 가장 완벽한 맛이 나오므로 신선한 재료를 필요할 때마다 소량씩 구입하는 것을 추천합니다.

아몬드가루

다쿠아즈를 만들 때 필수적으로 사용되는 가장 중요한 재료입니다. 아몬드를 곱게 갈아놓은 것으로 밀가루가 섞이지 않은 제품을 사용하며 밀봉해 냉장 또는 냉동 보관을 합니다. 아이보리 색을 띠는 것이 좋고 누렇거나 기름 냄새가 나는 것은 오래된 것이니 사용하지 않는 것이 좋습니다.

달걀흰자

머랭을 만들 때 주로 사용합니다. 노른자가 들어가면 머랭이 단단해지지 않으므로 노른자가 들어가지 않도록 깨끗하게 분리한 후 차갑게 준비해둡니다. 신선한 달걀을 사용하는 것이 좋으며 머랭을 만들기 직전에 냉장고에서 꺼내 사용합니다.

버터

버터는 무염버터, 가염버터, 발효버터가 있는데 이 책에서 만드는 다쿠아즈는 Elle&Vire 고메버터(무염버터)를 사용하였습니다. 버터는 크림을 만들기 30분 전에 냉장고에서 꺼내 부드러워진 상태로 사용합니다. 다쿠아즈에는 다양한 크림이 들어가기 때문에 좋은 버터를 사용해야 전체적인 맛이 좋습니다.

슈거파우더

설탕을 곱게 갈은 것으로 전분이 소량 함유된 것과 100% 설탕으로만 만들어진 것 두 종류가 있습니다. 전분이 함유된 것이 덩어리가 생기지 않아 보관이 편리합니다.

생크림

식물성 유지를 넣어 작업성을 좋게 만든 휘핑크림보다 100% 동물성 생크림을 사용하는 것이 맛과 식감면에서 모두 좋습니다.

박력분

글루텐, 단백질 함량이 낮은 밀가루로 바삭한 구움과자를 만들 때 주로 사용합니다.

과일 퓌레

과일에 당을 첨가해 과일의 진한 맛을 쉽게 낼 수 있도록 액상으로 만든 제품입니다. 냉동 상태이기 때문에 사용 전에 미지근한 온도로 해동해서 준비합니다. 이 책에서는 프랑스산 브와롱(VOIRON) 퓌레를 사용합니다.

커버추어 초콜릿

초콜릿은 다크초콜릿, 밀크초콜릿, 화이트초콜릿 등이 있으며 카카오 함량에 따라 당도와 향이 다르기 때문에 취향에 따라 골라 사용할 수 있습니다. 이 책에서는 풍미가 좋고 식물성 유지가 첨가되지 않은 커버추어 초콜릿를 사용합니다.

바닐라빈

바닐라 향과 풍미를 내는 원료로 줄기가 통통하고 촉촉한 것이 신선한 바닐라빈입니다. 바닐라빈은 줄기를 갈라 씨앗을 긁어 사용합니다. 향이 날아가거나 마르지 않도록 밀봉한 후 냉동 보관하는 것이 좋습니다.

크림치즈와 마스카르포네

다양한 종류의 치즈 중에서도 고소한 맛이 나는 크림치즈와 우유 맛이 진한 마스카르포네는 다쿠아즈와 잘 어울리는 치즈입니다. 다쿠아즈 크림에 섞거나 그대로 잘라 다쿠아즈 사이에 넣는 형태로 다양하게 사용할 수 있습니다.

리큐르

브랜디에 향, 당, 색소를 가미한 것으로 맛과 향을 더하기 위해 사용합니다. 기본적인 럼을 비롯해 오렌지 향을 더해 주는 쿠앵트로, 깊은 커피 맛을 내는 칼루아, 체리 절임을 할 때 사용하는 키르슈 등이 있습니다.

오븐 사용법

좋은 재료로 완벽한 공정을 거친 반죽도 오븐을 잘못 사용하면 완벽한 제품이 될 수 없습니다. 오븐마다 열의 분포와 세기가 각각 다르기 때문에 아래의 사항들을 숙지하고 테스트를 마친 후 베이킹을 시작하는 것이 좋습니다.

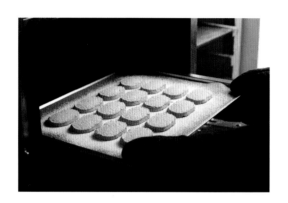

1 초보자일수록 전기오븐 사용을 추천합니다

오븐은 가스오븐과 전기오븐으로 나눌 수 있습니다. 베이킹 초보자일수록 열이 골고루 전달되는 전기오븐을 사용하는 것이 더 실용적입니다.

2 레시피 온도보다 10~15℃ 높게 예열합니다

예열한 오븐의 문을 열 때 외부의 공기가 유입되면서 오븐 안의 온도가 낮아지게 됩니다. 따라서 오븐을 사용하기 전 레시피에 적힌 온도보다 10~15℃ 정도 높게 예열한 후 레시피에 제시된 온도로 맞춰 굽는 것이 좋습니다.

3 반죽의 높이와 크기는 최대한 일정하게 성형합니다

반죽의 높이가 다르면 높은 반죽의 윗부분이 더 빨리 익고, 반죽의 크기가 다르면 큰 반죽이 덜 익기 때문에 반죽의 높이와 크기는 최대한 일정하게 성형해야 각각의 반죽들이 일정하게 구워집니다.

4 몇 번의 테스트는 필수 과정입니다

같은 회사의 같은 모델이더라도 열의 세기가 조금씩 다르며 어떤 레시피라도 제시된 온도와 시간이 절대적인 수치는 아니기 때문에 내 오븐에 맞게 조절해 사용하는 것이 중요합니다. 완성품의 색이 너무 짙다면 온도를 5~10도 정도 낮춰 구워보고 덜 익었다면 온도를 5~10도 높여 구워보면서 몇 번의 테스트를 거쳐야 내 오븐을 정확하게 파악할 수 있습니다. 오븐용 온도계로 수시로 체크해보는 것도 좋은 방법입니다. 몇 번의 테스트를 통해 내 오븐의 열이 센 편인지, 약한 편인지, 열이 고르게 분포되는지를 알아야 어떤 레시피를 보더라도 내 오븐에 맞게 온도와 시간을 가감할 수 있습니다. 이 책에서 사용한 오븐은 우녹스(UNOX)오븐입니다.

04
짤주머니 사용법

다쿠아즈는 반죽과 크림을 만들 때 모두 짤주머니를 사용합니다. 짤주머니가 손에 잘 익도록 연습해보세요.

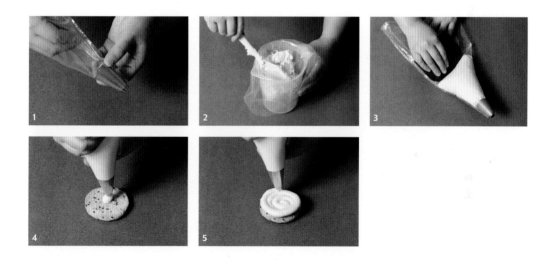

1. 짤주머니의 끝을 1cm 정도 자른 후 깍지를 넣고 고정시킵니다.

   Tip. 처음부터 짤주머니를 너무 많이 자르면 구멍이 커져 깍지가 빠질 수 있기 때문에 사용하는 깍지의 크기를 고려하여 조금씩 자르면서 깍지를 끼워보는 것이 좋습니다.

2. 짤주머니를 벌려 머그컵 같은 깊은 그릇에 고정시킨 후 내용물을 담습니다.

3. 반죽이 흐르지 않도록 깍지 부분을 위로 향하게 하면서 반죽을 깍지 쪽으로 모아줍니다.

4. 왼손으로 깍지 부분을 잡고 오른손으로 일정한 힘을 주며 반죽을 짜줍니다.

5. 원하는 모양이 완성되면 오른손의 힘을 빼면서 반죽 끝을 살짝 꺾으면서 들어 올려 마무리합니다.

CLASS 02

다쿠아즈 시트 만들기

01
플레인시트 반죽

다쿠아즈 시트를 만들 때 가장 중요한 부분은 완벽한 머랭을 만드는 것입니다. '머랭'이란 달걀흰자에 설탕을 나눠 넣으며 거품을 낸 것을 말합니다. 설탕의 양과 넣는 시점에 따라 머랭의 상태가 달라지는데 처음부터 끝까지 설탕을 조금씩 나눠 넣으며 거품을 올려야 윤기가 나고 탄력이 있는 머랭을 만들 수 있습니다. 만드는 방법에 따라 기본형인 프렌치머랭, 중탕으로 만드는 스위스머랭, 시럽을 끓여 만드는 이탈리안머랭으로 나뉘며 이 중 다쿠아즈는 '프렌치머랭'으로 만듭니다.

재료
8개 분량(16구 팬 한 판)
달걀흰자 110g
아몬드가루 80g
슈거파우더 55g
설탕 40g
박력분 10g

1 아몬드가루, 슈거파우더, 박력분은 체 쳐 준비합니다.

   Tip. 볼이나 핸드믹서에 기름기나 물기가 남아 있으면 거품이 잘 일어나지 않으니 깨끗이 닦고 건조해 사용합니다.

2 달걀흰자를 고속으로 휘핑합니다.

3 전체적으로 하얀 거품이 생기면 설탕을 조금씩 나눠 넣으며 계속 휘핑합니다.

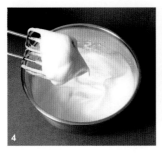
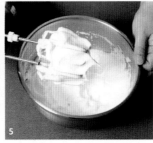

4 80% 정도 머랭이 올라오면 저속으로 낮춰 휘핑합니다.

5 머랭을 올렸을 때 뿔이 만들어지면 조밀하고 탄탄한 머랭이 완성된 것입니다.

6 머랭에 1번 재료 절반을 넣고 주걱으로 바닥부터 떠올리듯 섞습니다.

Tip. 머랭에 가루를 섞을 때 과하게 하면 반죽이 묽어져 모양이 퍼지게 됩니다.

7 남은 재료를 넣고 같은 방법으로 섞어 반죽을 완성합니다.

8 제대로 완성된 반죽은 힘이 있으면서 표면에 윤기가 흐릅니다.

9 원형 깍지를 끼운 짤주머니를 긴 통에 넣고 반죽을 조심히 담습니다.

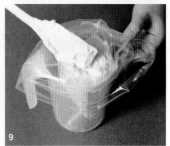

틀을 이용한 반죽 성형

 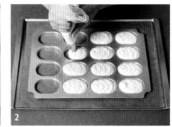

  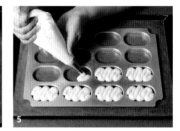

1 틀 안쪽에 물을 발라 틀과 반죽이 잘 떨어지도록 준비합니다.

   Tip. 스프레이를 이용하면 편리합니다.

2 짤주머니를 사용해 빈틈이 없도록 다쿠아즈 틀 안쪽에 반죽을 채워줍니다.

3 윗면이 반듯한 다쿠아즈 기본형을 만들 때는 스크레이퍼를 눕혀 매끈하게 정리합니다.

   Tip. 윗면을 스크레이퍼로 너무 여러 번 정리하면 반죽이 묽어져 퍼질 수 있으니 최소한의 횟수로 정리합니다.

4 윗면이 봉긋한 다쿠아즈를 만들 경우에는 윗면을 정리하지 않고 반죽을 도톰하게 채워줍니다.

5 지그재그 모양을 내는 다쿠아즈의 경우에도 윗면 정리는 생략합니다.

6 틀을 천천히 들어 올려 분리합니다.

7 반죽의 가장자리가 매끄럽지 않은 경우 물을 묻힌 손가락으로 반죽을 깔끔하게 정리합니다.

02-2

유산지를 이용한 반죽 성형

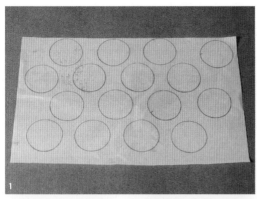

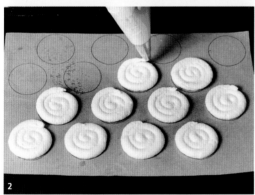

1   종이에 원하는 반죽의 모양 패턴을 인쇄하거나 그려
    준비합니다.

    Tip. 이 책의 마지막 장에 있는 패턴 페이지를 잘라 활용해보
      세요.

2   패턴을 그린 종이 위에 테프론시트를 깔고 패턴에 맞
    춰 반죽을 일정한 크기로 짜줍니다.

    Tip. 틀 없이 반죽을 짜는 경우 같은 판에 팬닝하는 반죽은 크
      기가 비슷해야 오븐에서 고르게 익으므로 최대한 일정한
      높이와 모양으로 반죽을 성형하는 것이 좋습니다.

1. 체를 이용해 팬닝한 다쿠아즈 반죽 위에 슈거파우더를 고르게 뿌립니다.

   Tip. 슈거파우더를 너무 적게 뿌리면 수분이 빠져나가면서 다쿠아즈 모양이 납작해질 수 있으니 골고루 충분히 뿌려주세요.

2. 처음 뿌린 슈거파우더가 반죽에 스며들면 한 번 더 고르게 뿌립니다.

   Tip. 슈거파우더가 다쿠아즈 표면에 막을 만들어 다쿠아즈 안쪽의 수분을 잡아주는 역할을 합니다.

3. 180℃로 예열해둔 오븐에 반죽을 넣고 165℃에서 16분간 구워냅니다. 윗면을 정리하지 않고 반죽을 틀보다 도톰하게 팬닝한 경우에는 17~18분간 구워줍니다.

   Tip. 오븐 문을 열 때 손실되는 열을 고려하여 굽는 온도보다 10~15℃ 높게 예열해주세요.

   Tip. 다쿠아즈가 구워지는 중간에 오븐을 열면 반죽이 가라앉으니 완성될 때까지 오븐의 문을 열지 않습니다.

4. 완성된 시트는 테프론시트 위에서 충분히 식혀줍니다.

   Tip. 다쿠아즈가 식기 전 테프론시트에서 떼어내면 모양이 망가질 수 있으니 충분히 식힌 후 떼어주세요.

다양한 성형 방법으로 완성된 시트

01

다쿠아즈 틀에서 윗면을 정리한 시트

02

원형 틀에서 윗면을 정리한 시트

03

다쿠아즈 틀에서 도톰하게 짠 시트

04

다쿠아즈 틀에서 지그재그로 짠 시트

05

틀 없이 유산지 위에서 원을 그리며 짠 시트

다쿠아즈 크림 만들기

파타봄브 방식과 앙글레즈 방식

다쿠아즈에 들어가는 버터크림을 만드는 방법은 '파타봄브 방식'과 '앙글레즈 방식' 두 가지가 있습니다. 파타봄브 방식은 달걀노른자에 가열한 시럽을 넣어 노른자를 살균하여 만드는 방식이고, 앙글레즈 방식은 가열한 우유와 달걀노른자를 직접 가열하여 만드는 방식으로 각각의 크림은 질감과 풍미에 차이가 있습니다.

파타봄브 방식 크림은 단단하고 힘이 있어 모양을 잡기 쉬운 장점이 있고 앙글레즈 방식 크림은 우유가 들어가 더 부드러운 맛을 내는 장점이 있습니다. 특히 홍차나 바닐라빈 등 재료를 물에 우려 사용하는 경우 앙글레즈 방식으로 크림을 만들면 재료 본연의 깊은 맛과 향을 잘 살릴 수 있습니다.

이 책에서 소개하는 크림 레시피는 대부분 다쿠아즈 8개 분량을 기준으로 하였습니다. 다만 베이킹을 처음 시작하는 초보자의 경우 크림 레시피 재료를 2배로 늘려 작업하는 것을 추천합니다. 끓인 시럽의 양이 적으면 빨리 굳어버려 작업하기 어렵게 느껴질 수 있기 때문입니다.

01
파타봄브 방식 크림

재료

: 8개 분량 :

버터 100g
설탕 45g
달걀노른자 30g
물 30ml

1 버터는 실온에 꺼내두어 부드러운 상태로 준비합니다.

> **Tip.** 냉장 보관한 차가운 버터를 그대로 사용하면 잘 섞이지 않으므로 버터는 반드시 작업 30분 전 실온에 꺼내둔 후 사용하세요.

2 냄비에 설탕과 물을 넣고 118℃까지 가열해 시럽을 만듭니다.

> **Tip.** 시럽의 온도가 너무 낮으면 노른자가 살균되지 않고, 온도가 너무 높으면 노른자가 그대로 굳어버려 덩어리가 질 수 있기 때문에 온도는 118℃로 정확하게 체크해주세요.

3 달걀노른자는 핸드믹서로 가볍게 풀어줍니다.

4 2를 3에 조금씩 나눠 부으면서 고속으로 휘핑합니다.

> **Tip.** 시럽을 부을 때는 볼 가장자리를 타고 내려가도록 부어야 주변에 튀지 않습니다. 가열된 시럽은 매우 뜨거우니 주의하세요.

5 시럽이 다 들어간 후에는 중속으로 낮춰 미지근해질 때까지 휘핑합니다.

6 버터를 세 번에 나눠 넣으며 휘핑합니다.

7 가장자리에 섞이지 않은 버터가 남아 있지 않도록 주걱으로 골고루 정리하며 마무리합니다.

02
앙글레즈 방식 크림

재료

: 8개 분량 :

버터   100g
우유   70ml
설탕   35g
달걀노른자   25g

1   버터는 실온에 꺼내두어 부드러운 상태로 준비합니다.

2   거품기로 달걀노른자를 가볍게 풀어줍니다.

3   설탕을 넣고 크림색이 될 때까지 저어줍니다.

4 우유는 가장자리가 살짝 끓어오를 정도로 데워 **3**에 조금씩 넣고 섞습니다.

> **Tip.** 우유를 오래 끓이면 단백질 막이 생기므로 따뜻하게 데우는 정도(45℃)로만 가열해주세요.

5 다시 냄비에 넣고 약불에서 잘 저으며 82℃까지 온도를 올려줍니다.

> **Tip.** 고르게 저어주지 않으면 덩어리가 생길 수 있으니 주의하세요.

6 주걱으로 바닥을 긁으면 반으로 갈라질 정도로 걸쭉해질 때까지 가열합니다.

7 볼로 옮기고 얼음물에 받쳐 저어주면서 25℃까지 온도를 낮춥니다.

8 버터는 볼에 담아 핸드믹서로 잘 풀어줍니다.

9 **8**에 **7**을 조금씩 나눠 넣으며 휘핑해 마무리합니다.

> **Tip.** 버터를 섞을 때 앙글레즈의 온도가 높으면 크림의 농도가 너무 묽어지니 반드시 온도를 25℃까지 낮춘 후 버터를 섞어주세요.

CLASS 04

장쌤의 다쿠아즈 레시피

다쿠아즈의 구조

다쿠아즈의 구조는 마카롱과 비슷해요. 다쿠아즈 시트에 크림을 바르고 다시 시트로 덮는 모양이지요. 하지만 크림 외에도 가나슈, 다양한 토핑을 조합해 취향에 맞는 다쿠아즈를 만들 수 있어요. 이 책에서는 20가지 시트, 23가지 크림, 4가지 가나슈, 이 밖에 다양한 필링과 토핑으로 만든 25가지 다쿠아즈 레시피를 소개합니다. 입맛에 맛게 조합해 나만의 레시피를 만들어보는 재미도 느껴보세요.

레시피를 시작하기 전에

장쌤의 맛있는 다쿠아즈 베이킹을 시작하기 전에 다음의 사항들을 숙지하세요.

1. 이 책에서는 수많은 디저트 애호가들이 사랑한 장쌤의 다쿠아즈 레시피를 소개합니다. 총 25가지 레시피를 담았지만 다양한 종류의 시트, 크림, 가나슈, 토핑을 조합해 수많은 종류의 메뉴를 만들 수도 있고, 한 가지 크림이나 가나슈만 바른 담백한 다쿠아즈를 만들 수도 있습니다. 취향에 따라 레시피를 응용해보세요.

2. 이번 클래스에서 소개하는 다쿠아즈 시트는 총 20가지입니다. 시트를 만드는 기본 과정은 'CLASS 02. 다쿠아즈 시트 만들기'와 동일합니다. 각 시트마다 추가되는 재료와 그에 관한 과정은 레시피마다 친절하게 설명해두었습니다.

3. 이번 클래스에서 소개하는 다쿠아즈 크림은 총 23가지입니다. 크림을 만드는 기본 과정은 'CLASS 03. 다쿠아즈 크림 만들기'와 동일합니다. 각 크림마다 추가되는 재료와 그에 관한 설명은 레시피마다 과정 이미지로 친절하게 설명해두었습니다.

4. 이번 클래스의 레시피는 다쿠아즈 8개 분량 기준입니다. 다만 베이킹을 처음 시작하는 초보자의 경우 재료의 양을 2배로 늘려 만들어보는 것을 추천합니다. 그 이유는 크림을 만들 때 끓이는 시럽의 양이 적을수록 빨리 굳어 작업하기 어렵게 느껴질 수 있기 때문입니다.

진한 말차 다쿠아즈

말차의 쌉싸래한 맛과 진한 풍미를 느낄 수 있는 다쿠아즈입니다.

시트와 크림, 가나슈 모두에 말차가루가 들어가 달지 않고 담백하게 즐길 수 있어요.

진하게 우린 녹차와 함께 먹으면 근사한 디저트가 될 거예요.

말차크림 — 말차시트

말차가나슈

재료	🍙 **말차시트**	🍥 **말차크림**	🍡 **말차가나슈**
	달걀흰자 110g	(파타봄브 방식)	화이트커버추어 70g
: 8개 분량 :	아몬드가루 80g	버터 100g	생크림 50ml
	슈거파우더 55g	설탕 45g	말차가루 3g
	설탕 35g	달걀노른자 30g	
	+ 말차가루 3g	물 30ml	
		+ 말차가루 10g	

준비 사항	
	• '플레인시트 반죽'과 동일한 방법으로 말차시트를 만드세요. 📑26p
: 말차시트 :	: 말차가루는 가루 재료를 체 칠 때 함께 넣어주세요.
	: 말차가루가 반죽에 힘을 주기 때문에 말차시트 재료에는 박력분이 포함되지 않습니다.
	• 다쿠아즈 틀에 짤주머니로 반죽을 채우고 윗면을 정리합니다. 📑28p
	• 180℃로 예열한 오븐을 165℃로 맞춰 16분간 굽습니다.
	• 완성된 말차시트는 충분히 식혀주세요.

말차크림	**1**	'파타봄브 방식'으로 크림을 만들고 150g을 준비합니다. 35p
	2	말차가루와 섞어 말차크림을 완성합니다.

말차가나슈

3 화이트커버추어를 중탕으로 녹입니다.

4 3에 말차가루를 넣고 잘 섞어줍니다.

> **Tip.** 말차가루를 생크림보다 나중에 넣으면 뭉치기 쉬우니 커버추어를 녹인 후 바로 섞어주세요.

5 생크림을 40~45℃로 데워줍니다.

> **Tip.** 생크림의 온도가 너무 높으면 가나슈가 분리될 수 있으니 45℃ 이상 온도가 올라가지 않도록 조절합니다.

6 4에 넣고 한 방향으로 섞어줍니다.

7 랩을 씌우고 차가워질 때까지 식혀줍니다.

> **Tip.** 가나슈를 빨리 굳히기 위해 냉장고에 오래 넣어둘 경우 일부분만 먼저 굳어 덩어리가 생길 수 있으니 시간을 두고 실온에서 되직한 상태가 되도록 기다리는 것이 좋습니다.

완성

8 상투과자 깍지(195번)를 낀 짤주머니로 다쿠아즈 가장
   자리에 원을 그리며 말차크림을 짜줍니다.

9 가운데에 말차가나슈를 넘치지 않도록 채워줍니다.

10 다쿠아즈를 덮어 완성합니다.

02

얼그레이 다쿠아즈

홍차의 진한 향기가 그대로 느껴지는 얼그레이 다쿠아즈입니다.

크림과 가나슈를 만들 때 모두 홍차잎으로 우려내기 때문에 홍차의 깊은 풍미를 그대로 느낄 수 있습니다.

우유와 생크림에 홍차를 우려 사용할 때 홍차잎 대신 홍차 티백을 이용해도 좋습니다.

얼그레이시트

얼그레이크림

얼그레이가나슈

재료	🌑 얼그레이시트	🌑 얼그레이크림	🌑 얼그레이가나슈
: 8개 분량 :	달걀흰자 110g	(앙글레즈 방식)	밀크커버추어 60g
	아몬드가루 80g	버터 100g	생크림 50ml
	슈거파우더 55g	우유 100ml	홍차잎 3g
	설탕 35g	설탕 35g	
	박력분 10g	달걀노른자 25g	
	+ 홍차가루 5g	+ 홍차잎 10g	

준비 사항

: 얼그레이시트 :

• '플레인시트 반죽'과 동일한 방법으로 얼그레이시트를 만드세요. 26p

　: 홍차가루는 가루 재료를 체 칠 때 함께 넣어주세요.

　: 홍차잎을 사용할 때는 갈아서, 홍차 티백을 사용할 때는 티백을 뜯어 안에 있는 홍차를
　　사용하세요.

• 다쿠아즈 틀에 도톰하게 올라오도록 짤주머니로 반죽을 짜줍니다. 28p

• 180℃로 예열한 오븐을 165℃로 맞춰 18분간 굽습니다.

• 완성된 얼그레이시트는 충분히 식혀주세요.

| **얼그레이크림** | 1 | 우유를 따뜻하게(45℃) 데워 홍차잎을 넣고 우려냅니다. |

> **Tip.** 우유와 홍차를 우려내어 체에 거르는 과정에서 우유가 손실되기 때문에 기본 레시피보다 우유가 많이 들어갑니다.

2   1을 이용해 '앙글레즈 방식'으로 크림을 만들고 150g을 준비합니다. 36p

| **얼그레이가나슈** | 3 | 밀크커버추어를 중탕하거나 전자레인지를 이용해 녹입니다. |

> **Tip.** 전자레인지로 커버추어를 녹일 때에는 20~30초씩 짧게 끊어주면서 돌려야 타지 않습니다.

4   생크림을 40~45℃로 데워 홍차잎을 넣고 5분간 우려낸 후 체에 걸러 **3**에 섞어줍니다.

5   골고루 섞이도록 한 방향으로 매끈하게 저어줍니다.

6   랩을 씌우고 차가워질 때까지 식혀줍니다.

7 별 깍지(E6K번)를 끼운 짤주머니로 다쿠아즈 가장자리에 원을 그리며 얼그레이크림을 짜줍니다.

8 가운데에 얼그레이가나슈를 넘치지 않도록 채워줍니다.

9 다쿠아즈를 덮어 완성합니다.

03

바닐라 다쿠아즈

고급스러운 달콤함이 느껴지는 바닐라 다쿠아즈입니다.

화이트커버추어에 생크림과 바닐라빈을 넣어 깔끔하면서도 부드러운 맛을 느낄 수 있습니다.

더 진한 바닐라 향을 원한다면 바닐라빈을 우릴 때 줄기도 함께 사용하세요.

바닐라시트

바닐라크림

바닐라가나슈

재료	● 바닐라시트	● 바닐라크림	● 바닐라가나슈
	달걀흰자 110g	(앙글레즈 방식)	화이트커버추어 70g
: 8개 분량 :	아몬드가루 80g	버터 100g	생크림 50ml
	슈거파우더 55g	우유 70ml	바닐라빈 반 줄기
	설탕 40g	설탕 35g	
	박력분 10g	달걀노른자 25g	
	+ 바닐라빈 한 줄기	+ 바닐라빈 한 줄기	

준비 사항

: 바닐라시트 :

• '플레인시트 반죽'과 동일한 방법으로 바닐라시트를 만드세요. [26p]

　: 바닐라빈은 줄기를 반으로 갈라 안쪽을 칼로 긁어내어 가루 재료를 체 칠 때 함께 넣어
　　주세요.

　: 바닐라빈은 손으로 비비면서 섞어야 뭉치는 것을 방지할 수 있습니다.

• 다쿠아즈 틀에 도톰하게 올라오도록 짤주머니로 반죽을 짜줍니다. [28p]

• 180℃로 예열한 오븐을 165℃로 맞춰 18분간 굽습니다.

• 완성된 바닐라시트는 충분히 식혀주세요.

<table>
<tr><td>바닐라크림</td><td>1</td><td>'앙글레즈 방식'으로 크림을 만들고 150g을 준비합니다. 36p</td></tr>
</table>

바닐라크림

1 '앙글레즈 방식'으로 크림을 만들고 150g을 준비합니다. 36p

2 바닐라빈은 반을 갈라 안쪽의 씨를 긁어 줄기와 함께 우유를 데우는 과정에서 넣습니다.

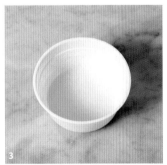

바닐라가나슈

3 화이트커버추어를 중탕하거나 전자레인지를 이용해 녹입니다.

   Tip. 전자레인지로 커버추어를 녹일 때에는 20~30초씩 짧게 끊어주면서 돌려야 타지 않습니다.

4 바닐라빈 줄기를 갈라 속을 긁어 생크림에 넣고 40~45℃로 데운 후 3에 조금씩 넣어가며 한 방향으로 섞어줍니다.

5 매끈하게 섞이면 랩을 씌우고 차가워질 때까지 식혀줍니다.

완성

6 원형 깍지(804번)를 낀 짤주머니로 다쿠아즈 가장자리에 원을 그리며 바닐라크림을 짜줍니다.

7 가운데에 바닐라가나슈를 넘치지 않도록 채워줍니다.

8 다쿠아즈를 덮어 완성합니다.

04

진저레몬 다쿠아즈

레몬의 상큼함과 생강의 기분 좋은 알싸함이 잘 어우러진 진저레몬 다쿠아즈입니다.

생강 특유의 맛과 향이 부담스럽지 않아 레몬커드의 새콤한 맛과 맛있게 어울린답니다.

진저레몬 다쿠아즈는 레몬커드 속 수분이 많기 때문에 2일 안에 드시는 것을 추천합니다.

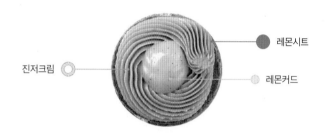

진저크림
레몬시트
레몬커드

재료		
: 8개 분량 :		

● 레몬시트	◎ 진저크림	◉ 레몬커드
달걀흰자 110g	(앙글레즈 방식)	달걀 100g
아몬드가루 80g	버터 100g	버터 50g
슈거파우더 55g	우유 70ml	레몬즙 50ml
설탕 40g	설탕 35g	설탕 40g
박력분 10g	달걀노른자 25g	바닐라빈 반 줄기
+ 레몬제스트 5g	+ 생강 5g	

준비 사항

: 레몬시트 :

- '플레인시트 반죽'과 동일한 방법으로 레몬시트를 만드세요. 26p

  : 레몬제스트는 가루 재료를 체 친 후에 넣고 섞어주세요.

  : 레몬제스트는 레몬 껍질을 강판에 갈아 만든 것으로 산성이기 때문에 반드시 겉면을
    가루로 코팅시킨 후 반죽에 넣어야 머랭을 가라앉게 하지 않습니다.

- 원형 틀에 반죽을 채우고 윗면을 정리합니다. 28p

- 180℃로 예열한 오븐을 165℃로 맞춰 16분간 굽습니다.

- 완성된 레몬시트는 충분히 식혀주세요.

진저크림

1 '앙글레즈 방식'으로 크림을 만들고 150g을 준비합니다. 생강은 얇게 저며 우유를 데우는 과정에서 함께 넣습니다. 36p

레몬커드

2 달걀, 설탕, 레몬즙, 바닐라빈을 잘 섞어 냄비에 넣고 가열합니다.

Tip. 바닐라빈은 달걀의 비린내를 잡아주는 역할을 합니다. 달걀 비린내에 예민하다면 바닐라빈의 양을 늘려주세요.

3 재료가 걸쭉해질 때까지 잘 저으면서 가열합니다.

4 되직하게 끓어오르면 버터를 넣고 섞어줍니다.

5 덩어리지지 않도록 체로 걸러줍니다.

Tip. 체에 거른 후 버터와 섞어주어야 익은 달걀 때문에 크림이 거칠어지는 것을 막을 수 있습니다.

6 랩으로 밀착시켜 차가워질 때까지 식혀줍니다.

Tip. 레몬커드를 랩으로 밀착시키지 않으면 레몬커드의 열기 때문에 물기가 생기거나 레몬커드가 공기와 접촉해 말라버릴 수 있습니다.

7 상투과자 깍지(195번)를 낀 짤주머니로 다쿠아즈 가장자리에 원을 그리며 생강크림을 짜줍니다.

8 가운데에 레몬커드를 넘치지 않도록 채워줍니다.

9 다쿠아즈를 덮어 완성합니다.

05

캐러멜헤이즐넛 다쿠아즈

오도독오도독 씹히는 맛이 일품인 캐러멜헤이즐넛 다쿠아즈입니다.
부드러운 캐러멜크림에 바삭하게 볶은 헤이즐넛과 달콤한 캐러멜소스를 올리면 식감까지
완벽한 디저트가 됩니다. 취향에 따라 다양한 견과류로 만들어보세요.

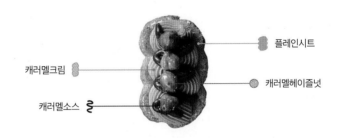

캐러멜크림
캐러멜소스
플레인시트
캐러멜헤이즐넛

재료	🐚 플레인시트	🐚 캐러멜크림	◉ 캐러멜헤이즐넛	⚡ 캐러멜소스
	달걀흰자 110g	(파타봄브 방식)	헤이즐넛 300g	설탕 100g
: 8개 분량 :	아몬드가루 80g	버터 100g	설탕 75g	생크림 100ml
	슈거파우더 55g	설탕 45g	물 25ml	
	설탕 40g	달걀노른자 30g	버터 10g	
	박력분 10g	물 30ml		
		+ 캐러멜 75g		
		소금 0.2g		

준비 사항	
	• '플레인시트 반죽'과 동일한 방법으로 플레인시트를 만드세요. 26p
: 플레인시트 :	• 다쿠아즈 틀에 짤주머니로 반죽을 지그재그 짜줍니다. 28p
	• 180℃로 예열한 오븐을 165℃로 맞춰 17분간 굽습니다.
	• 완성된 플레인시트는 충분히 식혀주세요.

캐러멜크림

1　'파타봄브 방식'으로 크림을 만들고 150g을 준비합니다. 크림에 캐러멜소스와 소금을 넣고 섞어줍니다. 35p

　　Tip. 63p에서 만든 캐러멜소스 중 75g을 덜어 사용하세요.

캐러멜헤이즐넛　2　냄비에 설탕과 물을 넣고 설탕이 녹을 때까지 끓입니다.

　　Tip. 재료의 양보다 넉넉한 냄비를 사용하는 것이 편리합니다.

3　헤이즐넛을 넣고 잘 섞으면 녹았던 시럽이 다시 굳으면서 하얗게 결정화가 됩니다.

4　계속 가열하여 결정화된 하얀 설탕이 녹고 전체적으로 갈색빛이 돌면 불을 끈 후 버터를 넣고 섞습니다.

　　Tip. 결정화된 설탕을 계속 가열할 때는 재빨리, 고르게 저어야 타지 않습니다.

5　테프론시트나 실리콘패드 위에 고르게 펼치고 식혀 캐러멜헤이즐넛을 완성합니다.

　　Tip. 완전히 식은 캐러멜헤이즐넛은 밀폐 용기에 담아 보관합니다.

　　Tip. 다른 견과류를 이용할 경우에도 같은 방식으로 캐러멜 코팅을 해 기호에 맞게 사용할 수 있습니다.

6 생크림은 따뜻한 정도로만 데워 준비합니다.

   Tip. 냉장고에서 바로 꺼낸 차가운 생크림을 넣으면 끓어 넘칠 수 있으니 반드시 생크림을 데운 후 넣습니다.

7 냄비에 설탕을 조금씩 나눠 넣으면서 갈색빛이 날 때까지 가열합니다.

8 생크림을 조금씩 나눠 넣으면서 잘 섞어줍니다.

   Tip. 이때 생기는 증기가 매우 뜨겁기 때문에 장갑을 끼고 작업하는 것이 좋습니다.

9 1분간 더 끓여 걸쭉한 상태로 완성해 식혀 캐러멜소스를 완성합니다.

   Tip. 완성된 캐러멜소스 중 75g은 62p 캐러멜크림을 만들 때 사용하세요. 남은 캐러멜소스는 크림 위에 뿌리는 용도로 사용합니다.

완성

10 상투과자 깍지(195번)를 낀 짤주머니로 다쿠아즈 한 쪽 면 전체에 캐러멜크림을 지그재그로 짜줍니다.

11 캐러멜소스를 뿌립니다.

Tip. 캐러멜소스가 식지 않은 상태에서 뿌리면 크림이 녹기 때문에 반드시 충분히 식힌 후 사용합니다.

12 캐러멜헤이즐넛을 골고루 올려줍니다.

13 위에 덮을 시트가 잘 고정되도록 캐러멜헤이즐넛 위에 캐러멜크림을 한 번 더 짜
줍니다.

14 다쿠아즈를 덮어 완성합니다.

06

오레오까망베르 다쿠아즈

어느 디저트에나 잘 어울리는 오레오 과자를 다쿠아즈에도 넣어보았어요.
오레오 과자와 잘 어울리는 까망베르크림으로 풍미를 더한 오레오까망베르 다쿠아즈는
장쌤이 가장 좋아하는 다쿠아즈랍니다.

까망베르크림 — 오레오시트 — 오레오

재료	● 오레오시트	◎ 까망베르크림	◉ 오레오
: 8개 분량 :	달걀흰자 110g	(파타봉브 방식)	오레오 과자 적당량
	아몬드가루 80g	버터 100g	
	슈거파우더 55g	설탕 45g	
	설탕 40g	달걀노른자 30g	
	박력분 10g	물 30ml	
	+ 오레오 과자 15g	+ 까망베르 150g	

준비 사항

: 오레오시트 :

- '플레인시트 반죽'과 동일한 방법으로 플레인시트를 만드세요. 26p

    : 오레오 과자는 곱게 갈아 가루 재료를 체 칠 때 함께 넣어주세요.
    : 오레오 가루가 들어가 반죽이 쉽게 묽어질 수 있으니 재빠르게 섞어주세요.

- 원형 틀에 반죽을 채우고 윗면을 정리합니다. 28p

- 180℃로 예열한 오븐을 165℃로 맞춰 16분간 굽습니다.

- 완성된 오레오시트는 충분히 식혀주세요.

35p

까망베르크림

1   '파타봄브 방식'으로 크림을 만들고 150g을 준비합니다.

2   까망베르는 핸드믹서로 잘 풀어줍니다.

    Tip. 기호에 따라 까망베르 대신 크림치즈를 사용해도 좋습니다.

3   **1**에 **2**를 조금씩 나눠가며 섞어줍니다.

오레오

4   오레오 과자는 적당한 크기로 부숴줍니다.

    Tip. 밀대 등 도구를 이용해 오레오 과자를 부수면 가루가 생겨 지저분해지니 손으로
       조각내는 것이 좋습니다.

완성

5 원형 깍지(804번)를 낀 짤주머니로 다쿠아즈 중심부터 원을 그리며 까망베르크림을 짜줍니다.

6 오레오 조각을 올려줍니다.

7 위에 덮을 시트가 잘 고정되도록 까망베르크림을 한 번 더 짜줍니다.

8 다쿠아즈를 덮어 완성합니다.

07

망고치즈 다쿠아즈

크림치즈를 좋아하는 분이라면 틀림없이 좋아할 다쿠아즈예요.
고소하고 부드러운 크림치즈와 달콤한 망고크림이 환상적인 조화를 이룬답니다.

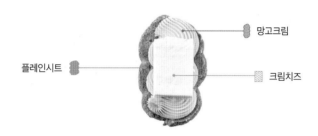

플레인시트

망고크림

크림치즈

재료	◉ 플레인시트	◉ 망고크림	▦ 크림치즈
	달걀흰자 110g	(파타봄브 방식)	크림치즈 적당량
: 8개 분량 :	아몬드가루 80g	버터 100g	
	슈거파우더 55g	설탕 45g	
	설탕 40g	달걀노른자 30g	
	박력분 10g	물 30ml	
		+ 망고퓌레 50g	

준비 사항	
	• '플레인시트 반죽'과 동일한 방법으로 플레인시트를 만드세요. 26p
: 플레인시트 :	• 다쿠아즈 틀에 짤주머니로 반죽을 지그재그 짜줍니다. 28p
	• 180℃로 예열한 오븐을 165℃로 맞춰 17분간 굽습니다.
	• 완성된 플레인시트는 충분히 식혀주세요.

망고크림

1 '파타봄브 방식'으로 크림을 만들고 150g을 준비합니다. `35p`

2 망고퓌레를 조금씩 나눠가며 섞어줍니다.

 Tip. 망고퓌레는 크림과 분리되지 않고 잘 섞일 수 있도록 실온에 두어 미지근한 상태가 되면 사용하세요.

크림치즈

3 크림치즈는 다쿠아즈를 완성하기 직전에 냉장고에서
 꺼내 얇은 직사각형으로 잘라줍니다.

 Tip. 크림치즈를 미리 잘라두면 녹아버려 깔끔하게 자르기 힘드
 니 다쿠아즈를 완성하기 직전에 냉장고에서 꺼내 잘라주
 세요.

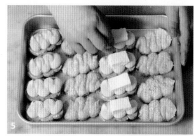

완성

4 상투과자 깍지(195번)를 낀 짤주머니로 다쿠아즈 한 쪽 면 전체에 망고크림을 짜줍니다.

5 직사각형으로 자른 크림치즈를 올려줍니다.

6 위에 덮을 시트가 잘 고정되도록 망고크림을 한 번 더 짜줍니다.

7 다쿠아즈를 덮어 완성합니다.

08

쑥인절미 다쿠아즈

말랑말랑한 인절미와 고소한 콩가루크림이 찰떡궁합인 쑥인절미 다쿠아즈입니다.

달지 않고 든든해 한 끼 식사로도 거뜬하지요.

쑥인절미 다쿠아즈는 만든 당일에 먹어야 떡이 말랑말랑해 맛있어요.

쑥시트 ● ────────────────── ▨ 인절미

콩가루크림 ◎ ────────────── ⸭ 콩가루

재료	● 쑥시트	◎ 콩가루크림	▦ 인절미	⸭ 콩가루
	달걀흰자 110g	(파타봄브 방식)	인절미 8개	볶은 검은콩가루 적당량
: 8개 분량 :	아몬드가루 80g	버터 100g		
	슈거파우더 55g	설탕 45g		
	설탕 40g	달걀노른자 30g		
	+ 쑥가루 5g	물 30ml		
		+ 볶은 검은콩가루 40g		

준비 사항	
	• '플레인시트 반죽'과 동일한 방법으로 쑥시트를 만드세요. 26p
	: 쑥가루는 가루 재료를 체 칠 때 함께 넣어주세요.
: 쑥시트 :	• 원형 틀에 반죽을 채우고 윗면을 정리합니다. 28p
	• 180℃로 예열한 오븐을 165℃로 맞춰 16분간 굽습니다.
	• 완성된 쑥시트는 충분히 식혀주세요.

| 콩가루크림 | 1 | '파타봄브 방식'으로 크림을 만들고 150g을 준비합니다. 35p |
| | 2 | 볶은 검은콩가루를 조금씩 나눠가며 섞어줍니다. |

| 인절미 |

3 인절미는 먹기 좋은 크기로 잘라줍니다.

| 콩가루 |

4 볶은 검은콩가루를 넓은 그릇에 담아 준비합니다.

> **Tip.** 콩가루는 집에서 잘못 볶으면 비린 콩 맛이 날 수 있어요. 콩가루를 볶아본 경험이 없는 분이라면 시중에 판매하는 볶은 콩가루를 사용하는 것을 추천합니다.

완성

5 상투과자 깍지(195번)를 낀 짤주머니로 다쿠아즈 가장자리에 원을 그리며 콩가루크림을 짜줍니다.

6 가운데에 적당한 크기로 자른 인절미를 올려줍니다.

7 위에 덮을 시트가 잘 고정되도록 인절미 위에 콩가루크림을 한 번 더 짜줍니다.

8 다쿠아즈를 덮고 겉면에 콩가루를 묻혀 완성합니다.

09

더블초콜릿 다쿠아즈

부드러운 다크가나슈에서 한 번, 촉촉한 브라우니에서 또 한 번, 두 번의 달콤함을 느낄 수 있는
더블초콜릿 다쿠아즈입니다. 다쿠아즈 시트에 다크가나슈만 살짝 발라 먹어도 맛있답니다.

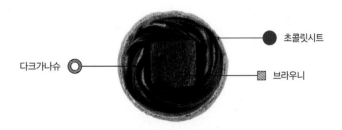

다크가나슈
초콜릿시트
브라우니

재료	● 초콜릿시트	◎ 다크가나슈	▦ 브라우니(18cm 사각무스틀 1대)
: 8개 분량 :	달걀흰자 110g	다크커버추어 120g	다크커버추어 200g
	아몬드가루 80g	생크림 100ml	달걀 165g
	슈거파우더 55g	버터 20g	흑설탕 120g
	설탕 40g	물엿 또는 올리고당 10g	버터 120g
	박력분 10g		박력분 80g
	+ 코코아파우더 5g		소금 1g

준비 사항

: 초콜릿시트 :

- '플레인시트 반죽'과 동일한 방법으로 초콜릿시트를 만드세요. 26p
  : 코코아파우더는 곱게 갈아 가루 재료를 체 칠 때 함께 넣어주세요.
- 원형 틀에 반죽을 채우고 윗면을 정리합니다. 28p
- 180℃로 예열한 오븐을 165℃로 맞춰 16분간 굽습니다.
- 완성된 초콜릿시트는 충분히 식혀주세요.

다크가나슈

1   버터는 실온에 꺼내두어 부드러운 상태로 준비합니다.

2   다크커버추어는 중탕으로 녹여줍니다.

3   냄비에 생크림과 물엿을 넣고 가열합니다.

4   **2**에 **3**을 넣고 한 방향으로 저어가며 표면이 매끈해질 때까지 섞어줍니다.

5   가나슈의 온도가 35~38℃일 때 버터를 넣고 잘 풀어준 후 충분히 섞어 다크가나슈를 완성합니다.

6   랩을 씌운 후 되직해지면 짤주머니에 넣어 사용합니다.

   Tip. 가나슈가 분리되었을 경우 다시 바 믹서로 유화시켜 주세요.

브라우니

7 달걀에 흑설탕을 넣고 고속으로 1분 30초간 휘핑합니다.

Tip. 흑설탕을 사용하면 백설탕을 사용하는 것보다 더 촉촉한 브라우니를 완성할 수 있어요.

8 뽀얗게 거품이 올라오면 박력분과 소금을 넣고 주걱으로 떠올리듯 섞습니다.

9 다크커버추어와 버터는 중탕하거나 전자레인지에서 녹여준 후 8에 넣고 빠르게 섞습니다.

Tip. 전자레인지로 녹일 때에는 20~30초씩 짧게 끊어주면서 돌려야 타지 않습니다.

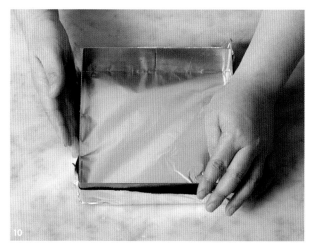

10 사각무스 틀 바닥에 호일을 두 겹 감싸줍
니다.

11 반죽을 넣고 165℃로 예열한 오븐을 150℃
로 맞춰 30분간 굽습니다.

12 브라우니가 완전히 식으면 틀에서 분리해
알맞은 크기로 자릅니다.

Tip. 브라우니가 덜 식었을 때 자르면 표면이 깔
끔하게 잘리지 않으니 완전히 식힌 후 잘라
주세요.

Tip. 남은 브라우니는 냉동 보관 후 다음에 사용
할 수 있습니다.

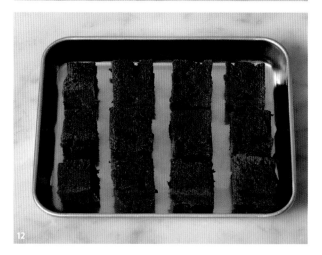

완성

13 별 깍지(E6K번)를 낀 짤주머니로 다쿠아즈 가장자리에
다크가나슈를 짜줍니다.

14 가운데에 먹기 좋게 자른 브라우니를 올려줍니다.

15 위에 덮을 시트가 잘 고정되도록 브라우니 위에 다크가
나슈를 한 번 더 짜줍니다.

16 다쿠아즈를 덮어 완성합니다.

10

군고구마 다쿠아즈

남녀노소 누구나 좋아하는 군고구마 다쿠아즈입니다.
체에 내려 부드러운 고구마크림과 토핑으로 얹은 달콤한 군고구마가 빈속을 든든하게
속을 채워줄 거예요. 바쁜 아침 군고구마 다쿠아즈로 활기찬 하루를 시작해보세요.

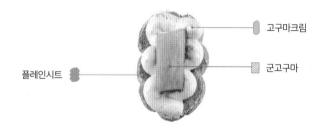

고구마크림

군고구마

플레인시트

재료	🍥 플레인시트	🍥 고구마크림	🍥 군고구마
: 8개 분량 :	달걀흰자　110g	(파타봄브 방식)	고구마　120g
	아몬드가루　80g	버터　100g	
	슈거파우더　55g	설탕　45g	
	설탕　40g	달걀노른자　30g	
	박력분　10g	물　30ml	
		＋군고구마　70g	

준비 사항	• '플레인시트 반죽'과 동일한 방법으로 플레인시트를 만드세요. 26p
: 플레인시트 :	• 다쿠아즈 틀에 짤주머니로 반죽을 지그재그 짜줍니다. 28p
	• 180℃로 예열한 오븐을 165℃로 맞춰 17분간 굽습니다.
	• 완성된 플레인시트는 충분히 식혀주세요.

고구마크림

1 '파타봄브 방식'으로 크림을 만들고 150g을 준비합니다. 35p

2 고구마는 깨끗이 씻어 호일로 감싸 185℃로 예열한 오븐을 170℃로 맞춰 30분 간 구워줍니다.

   Tip. 고구마크림에 사용할 고구마 70g과 토핑으로 올릴 고구마 120g을 함께 구워주세요.

3 고구마크림에 사용할 고구마 70g은 뜨거울 때 체에 내린 후 완전히 식혀줍니다.

4 식은 군고구마를 3에 조금씩 나눠 넣으며 섞어 고구마크림을 완성합니다.

군고구마

5 토핑으로 올릴 남은 고구마는 적 당한 크기로 잘라 충분히 식혀줍 니다.

   Tip. 고구마가 뜨거울 때 크림 위에 올 리면 크림이 녹아 흐를 수 있으니 고구마는 반드시 충분히 식혀주 세요

완성

6 원형 깍지(804번)를 낀 짤주머니로 다쿠아즈 한 쪽 면 전체에 군고구마크림을 짜줍니다.

7 가운데에 먹기 좋게 자른 군고구마를 올려줍니다.

8 위에 덮을 시트가 잘 고정되도록 군고구마 위에 군고구마크림을 한 번 더 짜줍니다.

9 다쿠아즈를 덮어 완성합니다.

11

시나몬단호박 다쿠아즈

단호박 본연의 단맛을 즐길 수 있는 시나몬단호박 다쿠아즈입니다.
시나몬파우더로 단호박의 풍미를 한 층 더 끌어올려주어 자꾸만 손이 가는 다쿠아즈예요.

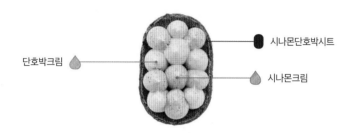

단호박크림

시나몬단호박시트

시나몬크림

재료		
: 8개 분량 :	● **시나몬단호박시트**	◉◉ **단호박크림과 시나몬크림**

	● 시나몬단호박시트	**◉◉ 단호박크림과 시나몬크림**
재료	달걀흰자 110g	(파타봄브 방식)
	아몬드가루 80g	버터 100g
: 8개 분량 :	슈거파우더 55g	설탕 45g
	설탕 40g	달걀노른자 30g
		물 30ml
	+단호박가루 20g	
	시나몬파우더 1g	+단호박 30g
		+시나몬파우더 1g

준비 사항

: 시나몬단호박시트 :

- '플레인시트 반죽'과 동일한 방법으로 시나몬단호박시트를 만드세요. `26p`

  : 단호박가루와 시나몬파우더는 가루 재료를 체 칠 때 함께 넣어주세요.

  : 단호박가루가 반죽에 힘을 주기 때문에 시나몬단호박시트 재료에는 박력분이 포함되지 않습니다.

- 원형 틀에 짤주머니로 반죽을 채우고 윗면을 정리합니다. `28p`

- 180℃로 예열한 오븐을 165℃로 맞춰 16분간 굽습니다.

- 완성된 시나몬단호박시트는 충분히 식혀주세요.

 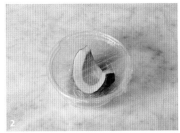

단호박크림

1   '파타봄브 방식'으로 크림 170g을 만들고 그 중 80g을 덜어 준비합니다. 35p

2   단호박은 깨끗이 씻어 속을 파내 뒤집은 상태로 찜기에서 15분 또는 랩을 씌워 전자
     레인지로 10분간 익혀줍니다.

3   단호박이 뜨거울 때 으깨줍니다.

4   으깬 단호박이 충분히 식으면 1에 조금씩 나눠 넣으며 섞어 단호박크림을 완성합니다.

시나몬크림

5   남은 크림 90g과 시나몬가루를 섞어
     시나몬크림을 완성합니다.

완성

6 원형 깍지(804번)를 낀 짤주머니로 다쿠아즈 한 쪽 면 군데군데에 단호박크림을 짜줍니다.

7 원형 깍지(804번)를 낀 짤주머니로 빈 곳에 시나몬크림을 짜줍니다.

8 다쿠아즈를 덮어 완성합니다.

12

카페라테 다쿠아즈

진한 원두커피의 향긋함이 느껴지는 카페라테 다쿠아즈입니다.
달콤한 휴식이 필요한 오후, 따뜻한 커피 한잔과 향긋한 카페라테 다쿠아즈로
하루의 피로를 날려버리세요.

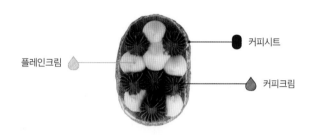

재료	
: 8개 분량 :	

⚫ **커피시트**	🌑🌑 플레인크림과 **커피크림**
	(파타봄브 방식)
달걀흰자　110g	버터　100g
아몬드가루　80g	설탕　45g
슈거파우더　55g	달걀노른자　30g
설탕　40g	물　30ml
박력분　10g	
+ 원두가루　5g	+ 커피엑기스　15ml

준비 사항
: 커피시트 :

- '플레인시트 반죽'과 동일한 방법으로 커피시트를 만드세요. 26p
  : 원두가루는 가루 재료를 체 친 후 함께 섞어주세요.
- 다쿠아즈 틀에 도톰하게 올라오도록 짤주머니로 반죽을 짜줍니다. 28p
- 180℃로 예열한 오븐을 165℃로 맞춰 18분간 굽습니다.
- 완성된 커피시트는 충분히 식혀주세요.

플레인크림

1 '파타봄브 방식'으로 크림 170g을 만들고 그 중
    90g을 덜어 놓습니다. 35p

커피크림

2 남은 플레인크림 80g과 커피엑기스 1/4을 잘 섞
    어줍니다.

3 남은 커피엑기스도 조금씩 나눠 넣으면서 섞어
    커피크림을 완성합니다.

    Tip. 커피엑기스를 한꺼번에 넣고 섞으면 크림이 분리
       될 수 있으니 여러 번 나눠가며 섞어주세요.

완성

4   원형 깍지(804번)를 낀 짤주머니로 다
    쿠아즈 한 쪽 면 군데군데에 플레인크
    림을 짜줍니다.

5   상투과자 깍지(195번)를 낀 짤주머니로
    빈 곳에 커피크림을 짜줍니다.

6   다쿠아즈를 덮어 완성합니다.

13

둘깨 다쿠아즈

두 가지 깨가 들어간 둘깨 다쿠아즈예요.

몸에도 좋고 맛도 좋은 흑임자와 참깨를 넣어 맛도 두 배, 고소함도 두 배라 어른들께 선물하기에도 좋은
디저트랍니다. 깨는 통으로 사용하는 것보다 가볍게 으깨주어야 고소함을 더 높일 수 있어요.

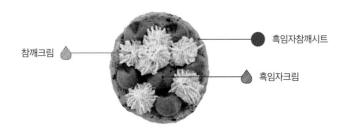

참깨크림

흑임자참깨시트

흑임자크림

재료	● 흑임자참깨시트	◆◆ 흑임자크림과 참깨크림
: 8개 분량 :	달걀흰자 110g	(파타봄브 방식)
	아몬드가루 80g	버터 100g
	슈거파우더 55g	설탕 45g
	설탕 40g	달걀노른자 30g
	박력분 10g	물 30ml
	+ 흑임자 15g	+ 흑임자페이스트 15g
	참깨 15g	+ 참깨 20g

준비 사항	
: 흑임자참깨시트 :	• '플레인시트 반죽'과 동일한 방법으로 흑임자참깨시트를 만드세요. `26p`
	: 흑임자와 참깨는 가루 재료를 체 친 후 함께 섞어주세요.
	• 유산지에 지름 6cm 원형을 그리고 짤주머니로 반죽을 둥글게 짜줍니다. `29p`
	• 180℃로 예열한 오븐을 165℃로 맞춰 16분간 굽습니다.
	• 완성된 흑임자참깨시트는 충분히 식혀주세요.

1 '파타봄브 방식'으로 크림 160g을 만들고 그 중 80g을 덜어 흑임자페이스트를 섞어 흑임자크림을 완성합니다. 35p

Tip. 흑임자페이스트 대신 흑임자가루를 사용할 수 있습니다.

2 남은 크림 80g과 참깨를 섞어 참깨크림을 완성합니다.

Tip. 참깨는 가볍게 으깨어 사용하면 풍미가 더 좋습니다.

완성

3 원형 깍지(804번)를 끼운 짤주머니로 다쿠아즈 한 쪽 면 군데군데에 흑임자크림을 짜줍니다.

4 상투과자 깍지(195번)를 끼운 짤주머니로 다쿠아즈의 빈 곳에 참깨크림을 짜줍니다.

5 다쿠아즈를 덮어 완성합니다.

14

카야코코넛 다쿠아즈

단맛과 짠맛의 조화가 환상적인 카야코코넛 다쿠아즈입니다.

카야코코넛크림의 단맛과 버터의 짭조름한 맛은 아무리 먹어도 질리지 않는 조합이지요.

표면의 코코넛채가 씹히는 식감도 일품이랍니다.

버터

코코넛시트

카야잼

카야코코넛크림

재료	● 코코넛시트	◐ 카야코코넛크림	◉ 카야잼	◈ 버터
: 8개 분량 :	달걀흰자 110g	(파타봉브 방식)	카야잼 80g	버터 적당량
	아몬드가루 80g	버터 100g		
	설탕 40g	설탕 45g		
	슈거파우더 55g	달걀노른자 30g		
	박력분 10g	물 30ml		
	+ 코코넛가루 20g	+ 카야잼 70g		
	코코넛 채 적당량	코코넛가루 15g		

준비 사항

: 코코넛시트 :

- '플레인시트 반죽'과 동일한 방법으로 코코넛시트를 만드세요. 26p

  : 코코넛 채는 시트 반죽에 슈거파우더를 뿌린 후 윗면에 올려 구워주세요.

- 다쿠아즈 틀에 도톰하게 올라오도록 짤주머니로 반죽을 짜줍니다. 28p

- 180℃로 예열한 오븐을 165℃로 맞춰 18분간 굽습니다.

- 완성된 코코넛시트는 충분히 식혀주세요.

카야코코넛크림

1   '파타봄브 방식'으로 크림을 만들고 150g을 준비합니다. `35p`

2   카야잼은 차갑지 않게 실온에 미리 꺼내두고 부드러운 상태가 되면 1에 섞어
     줍니다.

3   코코넛가루를 섞어 카야코코넛크림을 완성합니다.

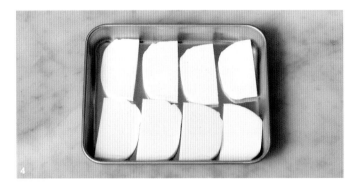

버터

4   버터는 사용하기 직전 냉장고에서 꺼내 얇은 직사각형으로 잘라줍니다.

     Tip. 버터를 미리 잘라두면 쉽게 녹아버리므로 다쿠아즈를 완성하기 직전에 냉장고에서
          꺼내 차가운 상태로 잘라주세요.

완성

5 원형 깍지(804번)를 낀 짤주머니로 다쿠아즈 가장자리에 원을 그리
   며 카야코코넛크림을 짜줍니다.

6 가운데에 카야잼을 넘치지 않도록 채워줍니다.

7 얇게 자른 버터를 올려줍니다.

8 위에 덮을 시트가 잘 고정되도록 버터 위에 카야코코넛크림을 한 번
   더 짜줍니다.

9 다쿠아즈를 덮어 완성합니다.

15

체리 다쿠아즈

상큼한 디저트가 필요할 때, 체리 다쿠아즈를 추천해요.

체리퓌레를 넣은 크림은 사랑스러운 핑크빛을 내어 보기에도 너무나 예쁜 디저트예요.

체리 대신 블루베리를 사용해도 좋아요. 몽환적인 보랏빛 디저트가 완성될 거예요.

체리시트

체리크림

체리

재료	◉ 체리시트	◎ 체리크림	● 체리
	달걀흰자 110g	(파타봄브 방식)	체리 8개
: 8개 분량 :	아몬드가루 80g	버터 100g	
	슈거파우더 55g	설탕 45g	
	설탕 40g	달걀노른자 30g	
	박력분 10g	물 30ml	
	+ 건조체리 10g	+ 체리퓌레 35g	

준비 사항	
	• '플레인시트 반죽'과 동일한 방법으로 체리시트를 만드세요. 26p
: 체리시트 :	: 건조체리는 잘게 다져 가루 재료를 체 친 후 함께 섞어주세요.
	• 유산지에 지름 6cm 원형을 그리고 깍지머니로 반죽을 둥글게 짜줍니다. 29p
	• 180℃로 예열한 오븐을 165℃로 맞춰 16분간 굽습니다.
	• 완성된 체리시트는 충분히 식혀주세요.

체리크림	1	'파타봄브 방식'으로 크림을 만들고 150g을 준비합니다. 35p
	2	크림에 체리퓌레를 조금씩 나눠가며 섞어 체리크림을 완성합니다.

Tip. 체리퓌레는 실온에 두어 미지근한 상태로 만든 후 사용해야 크림과 잘 섞여요.

체리	3	체리는 깨끗이 씻어 꼭지를 딴 후 물기가 마를 때까지 건조시켜 반으로 잘라 씨를 빼 준비합니다.

4 별 깍지(E6K번)를 낀 짤주머니로 다쿠아즈 가장자리에 원을 그리며 체리크림을 짜줍니다.

5 가운데에 반으로 자른 체리를 2개씩 채워줍니다.

6 위에 덮을 시트가 잘 고정되도록 체리 위에 체리크림을 한 번 더 짜줍니다.

7 다쿠아즈를 덮어 완성합니다.

16

애플파이 다쿠아즈

직접 졸인 사과로 만들어 더 맛있는 애플파이 다쿠아즈입니다.

사과마다 수분의 함량이 다르니 졸일 때 수분이 부족한지 확인해가면서 물을 넣어가며 졸여주세요.

완성된 사과조림은 다쿠아즈 시트에 발라먹어도, 식빵에 찍어 먹어도 맛있답니다.

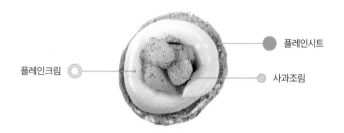

플레인크림 ◎   플레인시트

                        사과조림

재료	🍥 플레인시트	◎ 플레인크림	⬤ 사과조림
: 8개 분량 :	달걀흰자 110g	(파타봄브 방식)	사과 1개
	아몬드가루 80g	버터 100g	설탕 30g
	슈거파우더 55g	설탕 45g	버터 10g
	설탕 40g	달걀노른자 30g	시나몬파우더 1g
	박력분 10g	물 30ml	바닐라빈 한 줄기

준비 사항	
: 플레인시트 :	• '플레인시트 반죽'과 동일한 방법으로 플레인시트를 만드세요. 26p
	• 유산지에 지름 6cm 원형을 그리고 짤주머니로 반죽을 둥글게 짜줍니다. 29p
	• 180℃로 예열한 오븐을 165℃로 맞춰 16분간 굽습니다.
	• 완성된 플레인시트는 충분히 식혀주세요.

플레인크림

1 '파타봄브 방식'으로 크림을 만들고 150g을 준비합니다. 35p

사과조림

2 사과는 작게 잘라 설탕, 버터, 시나몬파우더, 바닐라빈과 냄비에 넣어 타지 않도록 잘 저으며 가열합니다.

3 수분이 줄어들고 사과가 투명해지면 불을 끄고 충분히 식혀줍니다.

> **Tip.** 수분이 부족한 사과는 충분히 졸여지기 전에 수분이 다 날아가기 때문에 물을 조금씩 부으면서 졸여주세요.

완성

4 원형 깍지(804번)를 낀 짤주머니로 다쿠아즈 가장자리에
원을 그리며 크림을 짜줍니다.

5 가운데에 사과조림을 넘치지 않도록 채워줍니다.

6 위에 덮을 시트가 잘 고정되도록 사과조림 위에 크림을 한
번 더 짜줍니다.

7 다쿠아즈를 덮어 완성합니다.

17

트리플베리 다쿠아즈

세 가지 베리가 들어가 더 상큼한 트리플베리 다쿠아즈입니다.

기호에 따라, 준비된 재료에 따라 한 가지 베리로만 만들어도 좋습니다.

베리잼을 만들 때는 눌러붙지 않도록 잘 저으면서 완성해주세요.

플레인크림

베리시트

베리잼

재료	● 베리시트	◎ 플레인크림	● 베리잼
	달걀흰자　110g	(파타봄브 방식)	베리류　200g
: 8개 분량 :	아몬드가루　80g		(라즈베리, 블루베리, 딸기)
	슈거파우더　55g	버터　100g	설탕　130g
	설탕　40g	설탕　45g	레몬즙　8ml
	박력분　10g	달걀노른자　30g	펙틴　1g
		물　30ml	
	+ 건조베리류　15g		
	(건블루베리, 건크린베리, 건딸기)		

준비 사항

: 베리시트 :

- '플레인시트 반죽'과 동일한 방법으로 베리시트를 만드세요. 26p

  : 건조 베리류는 잘게 다져 가루 재료를 체 친 후 함께 섞어주세요.

- 다쿠아즈 틀에 짤주머니로 반죽을 채우고 윗면을 정리합니다. 28p

- 180℃로 예열한 오븐을 165℃로 맞춰 16분간 굽습니다.

- 완성된 베리시트는 충분히 식혀주세요.

1 '파타봄브 방식'으로 크림을 만들고 150g을 준비합니다. 35p

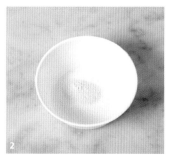  

 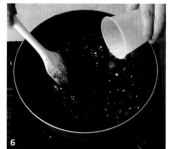

베리잼

2 설탕 10g과 펙틴 1g을 섞어 준비합니다.

   Tip. 설탕과 펙틴을 섞을 때는 골고루 잘 섞어주세요 잘 섞이지 않으면 냄비에 넣자마자 굳으면서 덩어리가 생길 수 있습니다.

3 설탕 120g을 베리류와 잘 섞어 실온에 10분 정도 둡니다.

   Tip. 과일이 너무 크면 가열하기 전에 알맞은 크기로 잘라주세요.

4 **3**를 냄비에 넣고 눌어붙지 않도록 잘 저으면서 끓여줍니다.

5 걸쭉해지기 시작하면 **2**를 조금씩 넣으면서 섞어줍니다.

6 불을 끄고 레몬즙을 넣은 후 섞어줍니다.

   Tip. 남은 잼은 잼을 담을 병을 열탕 소독한 후 잼을 담고 다시 끓여 진공 상태로 만들어주면 잼을 더 오래 보관할 수 있습니다. 158p

7 원형 깍지(804번)를 낀 짤주머니로 다쿠아즈 가장자리에 원을 그리며 크림을 짜줍니다.

8 가운데에 베리잼을 넘치지 않도록 채워줍니다.

9 다쿠아즈를 덮어 완성합니다.

18

민트초코 다쿠아즈

상쾌한 민트크림과 달콤한 다크가나슈가 만난 민트초코 다쿠아즈입니다.

민트색과 갈색 크림이 보기에도 너무 예쁜 다쿠아즈예요. 반죽을 지그재그로 짜서 구울 때에는

시트가 갈라질 수 있어요. 깔끔한 시트를 원한다면 반죽을 짠 후 윗면을 정리해주세요.

초콜릿시트 ⎯⎯⎯ 다크가나슈

민트크림

재료	🍫 초콜릿시트	💧 민트크림	🍫 다크가나슈
	달걀흰자 110g	(앙글레즈 방식)	다크커버추어 60g
: 8개 분량 :	아몬드가루 80g	버터 100g	생크림 50ml
	슈거파우더 55g	우유 80ml	버터 10g
	설탕 40g	설탕 35g	물엿 또는 올리고당 5g
	박력분 10g	달걀노른자 25g	
	+ 코코아파우더 5g	+ 민트잎 3g	

준비 사항	• '플레인시트 반죽'과 동일한 방법으로 초콜릿시트를 만드세요. `26p`
	: 코코아파우더는 가루 재료를 체 칠 때 함께 넣어주세요.
: 초콜릿시트 :	• 다쿠아즈 틀에 짤주머니로 반죽을 지그재그 짜줍니다. `28p`
	• 180℃로 예열한 오븐을 165℃로 맞춰 17분간 굽습니다.
	• 완성된 초콜릿시트는 충분히 식혀주세요.

민트크림

1 '앙글레즈 방식'으로 크림을 만들고 100g을 준비합니다. 민트잎은 우유를 데울 때 함께 넣습니다. 35p

Tip. 민트리큐르 10g을 추가하면 민트의 풍미가 더 진해집니다.

다크가나슈

2 버터는 실온에 꺼내두어 부드러운 상태로 준비합니다.

3 다크커버추어는 중탕으로 녹여줍니다.

4 냄비에 생크림과 물엿을 넣고 가열합니다.

Tip. 생크림의 온도가 너무 높으면 가나슈가 분리될 수 있으니 불을 조절하며 온도가 너무 올라가 끓어오르지 않도록 작업하는 것이 좋습니다.

5 3에 4을 넣고 한 방향으로 저어가며 표면이 매끈해질 때까지 섞어줍니다.

6 가나슈의 온도가 35~38℃일 때 버터를 잘 풀어 넣고 충분히 섞어줍니다.

Tip. 가나슈의 온도가 35~38℃일 때 버터를 넣어야 가장 고르게 섞일 수 있습니다.

7 랩을 씌워둔 후 되직해지면 짤주머니에 넣어 사용합니다.

Tip. 가나슈는 실온에서 되직한 상태로 굳혀주세요. 냉장고에 넣어 급하게 굳힐 경우 일부분만 먼저 굳어 덩어리가 생길 수 있습니다.

완성

8   원형 깍지(804번)를 낀 짤주머니로 다쿠
    아즈 한 쪽 면 군데군데에 다크가나슈를
    짜줍니다.

9   상투과자 깍지(195번)를 낀 짤주머니로 빈
    곳에 민트크림을 짜줍니다.

10 다쿠아즈를 덮어 완성합니다.

19

아몬드크럼블 다쿠아즈

바삭바삭 씹히는 재미가 있는 아몬드크럼블 다쿠아즈입니다.

오븐에 구운 바삭한 크럼블과 부드러운 플레인크림을 한 입에 느껴보세요.

아몬드크럼블 다쿠아즈는 우유와 특히 잘 어울린답니다.

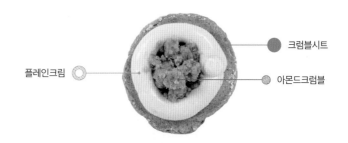

플레인크림

크럼블시트

아몬드크럼블

재료	● 크럼블시트	◎ 플레인크림	● 아몬드크럼블
	달걀흰자 110g	(파타봄브 방식)	박력분 90g
: 8개 분량 :	아몬드가루 80g	버터 100g	버터 60g
	슈거파우더 55g	설탕 45g	설탕 45g
	설탕 40g	달걀노른자 30g	아몬드가루 45g
	박력분 10g	물 30ml	
	+ 아몬드크럼블 120g		

준비 사항	
	• '플레인시트 반죽'과 동일한 방법으로 크럼블시트를 만드세요. 26p
: 크럼블시트 :	: '아몬드크럼블' 레시피를 참고해 굽지 않은 아몬드크럼블 120g을 오븐에 넣기 직전 반죽에 뿌린 후 구워줍니다. 122p
	• 유산지에 지름 6cm 원형을 그리고 짤주머니로 반죽을 둥글게 짜줍니다. 29p
	• 180℃로 예열한 오븐을 165℃로 맞춰 16분간 굽습니다.
	• 완성된 크럼블시트는 충분히 식혀주세요.

플레인크림

1 '파타봄브 방식'으로 크림을 만들고 150g을 준비합니다. 35p

아몬드크럼블

2 버터는 실온에 꺼내두어 부드러운 상태로 준비합니다.

3 볼에 박력분, 버터, 설탕, 아몬드가루를 넣고 마른 가루가 보이지 않을 때까지 주걱으로 반을 가르듯 가볍게 섞어줍니다.

4 크럼블시트에 사용하기 위해 120g은 굽지 않고 남겨둡니다. 다쿠아즈 속에 넣을 나머지 크럼블은 180℃로 예열한 오븐을 165℃로 맞춰 18분간 구워줍니다.

5 원형 깍지(804번)를 끼운 짤주머니로 다쿠아즈 가장자리에 원을 그리며 크림을 짜줍니다.

6 가운데에 아몬드크럼블을 넘치지 않도록 채워줍니다.

7 위에 덮을 시트가 잘 고정되도록 아몬드크럼블 위에 크림을 한 번 더 짜줍니다.

8 다쿠아즈를 덮어 완성합니다.

20

티라미수 다쿠아즈

마스카르포네크림을 샌딩하고 코코아파우더를 넉넉히 뿌린 티라미수 다쿠아즈입니다.

티라미수 본연의 풍부한 맛은 그대로 살리면서 코코아시트의 촉촉함까지 더한 디저트랍니다.

티라미수 다쿠아즈는 냉동실에서 살짝 얼려 먹어도 맛있습니다.

마스카르포네크림 ◖ ─── ● 코코아시트

─◦ 코코아파우더

재료	● **코코아시트**	◖ 마스카르포네크림	◦ **코코아파우더**
	달걀흰자 110g	(파타봄브 방식)	코코아파우더 적당량
: 8개 분량 :	아몬드가루 80g	버터 100g	
	슈거파우더 55g	설탕 45g	
	설탕 40g	달걀노른자 30g	
	+ 코코아파우더 5g	물 30ml	
		+ 마스카르포네 60g	
		크림치즈 60g	

준비 사항	
	• '플레인시트 반죽'과 동일한 방법으로 코코아시트를 만드세요. `26p`
: 코코아시트 :	: 코코아파우더는 가루 재료를 체 칠 때 함께 넣어주세요.
	• 원형 틀에 짤주머니로 반죽을 채우고 윗면을 정리합니다. `28p`
	• 180℃로 예열한 오븐을 165℃로 맞춰 16분간 굽습니다.
	• 완성된 초콜릿시트는 충분히 식혀주세요.

마스카르포네크림

1 '파타봄브 방식'으로 크림을 만들고 100g 을 준비합니다. 35p

2 크림치즈는 실온에 꺼내두어 부드러운 상 태가 되면 핸드믹서로 풀어준 후 마스카르 포네와 섞어줍니다.

3 1에 2를 조금씩 넣어가며 섞어줍니다.

　　Tip. 기호에 따라 크림에 커피 엑기스나 에스프 레소를 넣어 맛을 더해도 좋아요.

완성

4 원형 깍지(804번)를 낀 짤주머니로 다쿠아즈 한 쪽 면 전체에 동그란 모양으로 빈 곳 없이 크림을 짜줍니다.

5 다쿠아즈를 덮어줍니다.

6 다쿠아즈 양면에 코코아파우더를 넉넉히 뿌려 완성합니다.

Tip. 마스카르포네와 크림치즈는 수분 함량이 높기 때문에 티라미수 다쿠아즈는 만든 당일에 먹는 것이 가장 좋으며 냉동실에 얼려 차갑게 먹어도 맛있습니다.

다쿠아즈 케이크

01

오렌지쇼콜라

오렌지가 통째로 느껴지는 오렌지쇼콜라입니다.

다쿠아즈 시트를 큰 사이즈로 만들어 미니케이크 느낌을 주기도 해요. 건조오렌지로 장식하고
민트잎으로 포인트를 주면 오렌지의 상큼함과 민트잎의 싱그러움을 한껏 끌어올려줍니다.

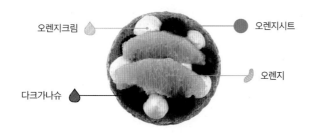

오렌지크림   오렌지시트

다크가나슈   오렌지

재료	● 오렌지시트	◍ 오렌지크림	♦ 다크가나슈	◖ 오렌지
: 4개 분량 : (지름 8cm 원형)	달걀흰자 110g 아몬드가루 80g 슈거파우더 55g 설탕 40g 박력분 10g + 오렌지제스트 5g	(파타봄브 방식) 버터 100g 설탕 45g 달걀노른자 30g 물 30ml + 오렌지즙 40ml 오렌지제스트 5g	다크커버추어 120g 생크림 100ml 버터 20g 물엿 또는 올리고당 10g	오렌지 2개

준비 사항	
: 오렌지시트 :	• '플레인시트 반죽'과 동일한 방법으로 오렌지시트를 만드세요. [26p] : 오렌지제스트는 가루 재료를 체 친 후 함께 섞어주세요. • 지름 8cm 원형 틀 8개에 반죽을 채웁니다. • 180℃로 예열한 오븐을 165℃로 맞춰 20분간 굽습니다. • 완성된 오렌지시트는 충분히 식혀주세요.

| 오렌지크림 |

1 '파타봄브 방식'으로 크림을 만들어 150g을 덜고 오렌지즙을 조금 씩 나눠 넣으면서 섞어줍니다. 35p

2 오렌지제스트를 넣고 섞어 오렌지크림을 완성합니다.

다크가나슈

3   버터는 실온에 꺼내두어 부드러운 상태로 준비합니다.

4   다크커버추어는 중탕으로 녹여줍니다.

5   냄비에 생크림과 물엿을 넣고 가열합니다.

6   4에 5을 넣고 한 방향으로 저어가며 표면이 매끈해질 때까지 섞어줍니다.

7   가나슈의 온도가 35~38℃일 때 버터를 넣고 잘 풀어 충분히 섞어 다크가나슈를 완성합니다.

8   랩을 씌운 후 되직해지면 짤주머니에 넣어 사용합니다.

오렌지

9 오렌지는 깨끗이 씻어 과육만 남도록 겉껍질과 하얀 섬유질 부분, 겉도는 수분을 모두 제거합니다.

완성

10 원형 깍지(804번)를 끼운 짤주머니로 다쿠아즈 한 쪽 면 군데군데에 오렌지크림을 짜줍니다.

11 상투과자 깍지(195번)를 끼운 짤주머니로 빈 곳에 다크가나슈를 짜줍니다.

12 크림 위에 오렌지 과육을 올려줍니다.

13 위에 덮을 시트가 잘 고정되도록 오렌지 위에 다크가나슈를 한 번 더 짜줍니다.

14 다쿠아즈를 덮어 완성합니다. 다쿠아즈 위에 장식을 할 경우 시트 중앙에 오렌지크림을 소량 짜줍니다.

15 기호에 따라 말린 과일이나 허브로 장식해 완성합니다.

02

피스타치오딸기 미니케이크

피스타치오크림과 생딸기가 들어간 미니케이크입니다.

새빨간 딸기와 초록색 피스타치오크림의 조화가 케이크를 더 맛있고 화려하게 보이도록

해주어 특별한 날을 기념할 때 선물하기 좋은 케이크랍니다. 큰 사이즈로 만들어도 예뻐요.

딸기

피스타치오크림

피스타치오시트

재료	

: **4개 분량** :
(지름 8cm 원형)

● **피스타치오시트**
달걀흰자　110g
아몬드가루　80g
슈거파우더　55g
설탕　40g
박력분　10g

+ 피스타치오분태　20g

● **피스타치오크림**
(파타봄브 방식)

버터　200g
설탕　90g
달걀노른자　60g
물　60ml

+ 피스타치오페이스트　100g

● **딸기**
딸기　300g

준비 사항	

: 피스타치오시트 :

- '플레인시트 반죽'과 동일한 방법으로 피스타치오시트를 만드세요. `26p`

  : 피스타치오분태는 가루 재료를 체 친 후 함께 섞어주세요.

- 지름 8cm 원형 틀 8개에 반죽을 채웁니다.

- 180℃로 예열한 오븐을 165℃로 맞춰 20분간 굽습니다.

- 완성된 피스타치오시트는 충분히 식혀주세요.

| 피스타치오크림 | 1 | '파타봄브 방식'으로 크림을 만들고 300g을 덜은 후 피스타치오페이스트를 조금씩 나눠가며 섞어 피스타치오크림을 완성합니다. 35p |
| 딸기 | 2 | 딸기는 깨끗이 씻어 꼭지를 제거하고 반을 잘라 준비합니다. |

| 완성 | | |

3 다쿠아즈 시트에 무스띠를 둘러줍니다.

4 다쿠아즈 가운데에 피스타치오크림을 둥글게 짜줍니다.

5 크림이 없는 가장자리에 딸기를 둘러줍니다.

6 피스타치오크림 위에 딸기를 더 얹어줍니다.

7 딸기가 덮일 만큼 피스타치오크림을 채워줍니다.

8 다쿠아즈를 덮고 살짝 눌러 완성합니다.

9 다쿠아즈 위에 장식을 할 경우 시트 중앙에 피스타치오크림을 소량 짜 줍니다.

10 피스타치오크림 위에 딸기를 고정시켜 완성합니다.

03

래밍턴

스펀지케이크를 초콜릿에 적셔 코코넛을 뿌린 과자인 래밍턴을 다쿠아즈로 만들어보았어요.

다쿠아즈 반죽을 많이 만들었거나 좀 더 담백한 다쿠아즈를 만들어보고 싶을 때 도전해보세요. 시트 사이에

크림을 바르고 원하는 크기로 잘라 초콜릿을 적셔 코코넛을 뿌리면 완성되는 간단한 레시피예요.

코코넛시트
플레인크림
초콜릿소스
코코넛가루

재료	▨ 코코넛시트	◈ 플레인크림	⅔ 초콜릿 소스	⁑ 코코넛가루
: **4개 분량** : (9cm 정사각형)	달걀흰자　110g	(파타봄브 방식)	다크커버추어　180g	코코넛가루　적당량
	아몬드가루　80g	버터　100g	포도씨유　70ml	
	슈거파우더　55g	설탕　45g		
	설탕　40g	달걀노른자　30g		
	박력분　10g	물　30ml		
	+ 코코넛가루　20g	+코코넛퓌레　40g		

준비 사항

: 코코넛시트 :

- '플레인시트 반죽'과 동일한 방법으로 코코넛시트를 만드세요. [26p]

  : 코코넛가루는 가루 재료를 체 친 후 함께 섞어주세요.

- 18cm 정사각형 틀 2개에 반죽을 채웁니다.

- 180℃로 예열한 오븐을 165℃로 맞춰 20분간 굽습니다.

- 완성된 코코넛시트는 충분히 식혀주세요.

플레인크림

1 '파타봄브 방식'으로 크림을 만들고 100g을 준비합니다. 35p

초콜릿소스

2 다크커버추어는 중탕하거나 전자레인지로 녹여줍니다.

    Tip. 전자레인지로 커버추어를 녹일 때에는 20~30초씩 짧게 끊어주면
    서 돌려야 타지 않습니다.

3 녹인 다크커버추어에 포도씨유를 넣고 골고루 섞은 후 30℃까
    지 식혀줍니다.

4 코코넛가루는 넓은 접시에 담아 준비합니다.

완성

5 895번 깍지를 이용해 한 쪽 시트에 얇게 크림을 바른 후 나머지 시트를 덮어줍니다.

6 코코넛 시트는 정사각형이 되도록 4등분으로 잘라줍니다.

   Tip. 기호에 따라 시트를 더 작게 잘라 한입 크기의 래밍턴을 만들 수도 있습니다.

7 시트의 모든 면에 초콜릿 소스를 골고루 묻혀줍니다.

8 초콜릿 소스를 묻힌 시트를 코코넛가루를 담은 접시에 넣고 골고루 묻혀줍니다.

04

몽블랑

정성이 가득 들어간 고급 디저트, 몽블랑입니다. 몽블랑 깍지는 크림이 빠져나오는 입구가 매우 좁아
크림이 깍지에 걸리지 않게 밤을 스크레이퍼로 여러 번 으깨주는 수고가 필요한 디저트예요.
하지만 알밤의 풍미가 그대로 느껴지는 밤크림을 맛보는 순간 피로가 싹 잊힐 거예요.

통밤

밤크림

생크림

시나몬시트

재료	● 시나몬시트	◐ 생크림	◐ 밤크림	● 통밤
: 1개 분량 : (지름 15cm 원형)	달걀흰자 80g 아몬드가루 60g 슈거파우더 45g 설탕 25g 박력분 7g + 시나몬파우더 1g	생크림 100ml 설탕 10g	밤페이스트 400g 버터 100g 다크 럼 15ml	밤 8개

준비 사항

: 시나몬시트 :

- '플레인시트 반죽'과 동일한 방법으로 시나몬시트를 만드세요. `26p`

  : 시나몬파우더는 가루 재료를 체 칠 때 함께 섞어주세요.

- 지름 15cm 원형 틀 1개에 둥글게 모양을 내 도톰하게 반죽을 채웁니다.

- 180℃로 예열한 오븐을 165℃로 맞춰 22분간 굽습니다.

- 완성된 시나몬시트는 충분히 식혀주세요.

생크림	1	생크림과 설탕을 볼에 넣고 얼음물에 받쳐줍니다.
	2	생크림이 단단하게 올라올 때까지 휘핑해줍니다.

밤크림

3 실온에 꺼내두어 부드러운 상태가 된 버터와 밤페이스트, 다크 럼을 볼에 담아 주걱으로 가볍게 섞어줍니다.

> **Tip.** 다크 럼의 진한 향이 부담스럽다면 골드 럼 또는 화이트 럼으로 대체할 수 있습니다.

4 뭉친 밤페이스트가 없도록 스크레이퍼로 으깨듯 누르며 섞어줍니다.

> **Tip.** 작은 구멍이 여러 개 있는 몽블랑 깍지로 짜기 때문에 뭉친 밤이 조금이라도 남아 있으면 깍지의 구멍이 막혀 예쁘게 짜지지 않으니 덩어리지지 않도록 충분히 섞어주세요.

5 익힌 통밤 또는 시중에 있는 맛밤을 준비합니다.

완성

6 시트가 식으면 얇은 칼을 이용해 틀과 시트를 분리해줍니다.

7 시트 가운데에 생크림을 도톰하게 펴주고 통밤을 올립니다.

8 다시 생크림을 올려 돔 형태로 다듬어줍니다.

9 몽블랑 깍지를 끼운 짤주머니로 밤크림을 아래부터 돌려가며 감싸줍니다.

10 기호에 따라 통밤과 금박으로 장식해 완성합니다.

05

당근케이크

당근사과잼과 피칸을 넣은 크림치즈로 풍부한 맛을 낸 당근케이크입니다.

잼과 크림을 겹겹이 쌓아올리고 건조당근으로 포인트를 준 이 예쁜 디저트는

당근이 사과와 맛있게 졸여져 당근을 싫어하는 아이들에게도 인기 있는 간식이랍니다.

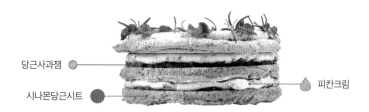

당근사과잼

시나몬당근시트

피칸크림

재료	● 시나몬당근시트	◈ 피칸크림	● 당근사과잼
	달걀흰자　165g	(파타봄브 방식)	당근　150g
: 1개 분량 :	아몬드가루　120g	버터　100g	사과　100g
(지름 15cm 원형 시트 3개)	슈거파우더　85g	설탕　45g	설탕　100g
	설탕　52g	달걀노른자　30g	레몬즙　10ml
	박력분　15g	물　30ml	
	+ 건조당근　30g	+ 크림치즈　300g	
	시나몬파우더　1g	피칸　80g	

준비 사항	• '플레인시트 반죽'과 동일한 방법으로 시나몬시트를 만드세요. 26p
	: 시나몬파우더는 가루 재료를 체 칠 때 함께 섞어주세요.
: 시나몬당근시트 :	: 건조당근은 가루 재료를 체 친 후 마지막 단계에서 섞어주세요.
	• 지름 15cm 원형 틀 3개에 반죽을 채웁니다.
	• 180℃로 예열한 오븐을 165℃로 맞춰 18분간 굽습니다.
	• 완성된 시나몬시트는 충분히 식혀주세요.

피칸크림

1 '파타봄브 방식'으로 크림을 만들어 200g을 준비합니다. 35p

2 피칸은 잘게 다진 후 180℃로 예열한 오븐을 서 165℃로 맞춰 15분간 구운 후 식혀줍니다.

3 실온에 꺼내두어 부드러워진 크림치즈를 1에 조금씩 나눠 넣으면서 섞어줍니다.

4 완전히 식힌 피칸을 넣고 섞어 피칸크림을 완성합니다.

당근사과잼

5 사과와 당근은 깨끗이 씻어 강판에 갈아줍니다.

6 사과, 당근, 설탕을 골고루 섞은 후 설탕이 녹아 수분이 생길 때까지 중불로 가열합니다.

7 끓어오르기 시작하면 약불로 낮추고 걸쭉해질 때까지 잘 저으면서 가열합니다.

8 충분히 걸쭉해지면 불을 끄고 레몬즙을 섞어 완성한 후 완전히 식혀줍니다.

9 시트가 식으면 얇은 칼을 이용해 틀과 시트를 분리해줍니다.

10 시트 한 쪽 면에 당근사과잼을 얇게 발라줍니다.

11 원형 깍지(804번)를 낀 짤주머니로 피칸크림을 중앙에서부터 원을 그리며 짜줍니다.

12 시트를 한 장 더 올리고 같은 방법으로 당근사과잼을 바르고 피칸크림을 짜줍니다.

13 시트를 한 장 더 덮고 기호에 따라 피칸크림, 건조당근, 허브로 장식해 완성합니다.

다쿠아즈 더 맛있게 즐기기

최상의 맛을 위한 다쿠아즈 보관법

다쿠아즈는 냉장고에 두고 차갑게 먹어야 가장 맛있습니다. 밀폐 용기
에 담아 냉장 보관할 경우 3일까지 맛있게 먹을 수 있어요. 더 오래 보
관할 경우 냉동실에 두고 실온에서 10분간 녹여 먹는 것이 가장 좋습
니다. 다쿠아즈는 시간이 지날수록 시트에 수분이 스며들어 점점 더 촉
촉해지므로 보관일에 맞게 냉장, 냉동 보관해주세요.

디저트 데코레이션을 위한 과일, 채소 건조법

오렌지쇼콜라에 장식한 건조오렌지처럼 다쿠아즈를 더욱 화려하게 만들 수 있는 과일과 채소 건조법을 소개합니다. 건조한 과일과 채소는 다쿠아즈 위에 잘 고정되도록 여분의 크림을 살짝 짠 후 건조한 과일을 알맞은 크기로 잘라 고정시켜 다쿠아즈를 더 돋보이게 만들 수 있고 에이드에 넣어 상큼한 느낌과 알록달록한 색을 낼 수도 있습니다.

재료

설탕 120g
물 110ml
과일이나 채소 적당량

1. 건조할 과일이나 채소를 베이킹소다를 이용해 깨끗이 씻어 얇게 슬라이스해 줍니다.

2. 설탕과 물을 끓여 만든 시럽에 슬라이스한 과일과 채소를 20분간 담가둡니다.

3. 겹치지 않도록 펼쳐 식품건조기에서 60℃로 7~8시간 동안 바짝 말린 후 눅눅해지지 않도록 밀폐 용기에 담아 보관합니다.

   Tip. 식품건조기가 없다면 60~65℃로 예열된 오븐에서 7~8시간 구워 말릴 수 있습니다.

안전한 보관을 위한 진공 밀폐법

본 책의 다쿠아즈 레시피에서는 트리플베리잼(112p), 사과조림(108p), 당근사과잼(148p) 레시피를 소개합니다. 과일, 채소의 식감이 살아 있고 달지 않은 수제잼은 질리지 않아 넉넉하게 만들어두면 다양한 용도로 활용할 수 있습니다. 하지만 시중 잼보다 설탕 양이 적고 방부제가 들어가지 않기 때문에 바로 먹을 것과 좀 더 보관해둘 것을 나누어 진공 밀폐해 보관하는 것이 좋습니다.

1 잼을 보관할 유리병을 깨끗이 씻어 물을 담은 냄비에 뒤집어 놓고 가열을 시작합니다.

2 끓는 물에서 5분간 끓여 소독합니다.

3 물기가 없게 병을 건조시킨 다음 잼을 만든 직후 잼이 뜨거울 때 유리병에 담아 뚜껑을 닫고 다시 끓는 물에서 5분간 끓여 진공 상태로 만듭니다.

망가진 다쿠아즈 시트 활용법

다쿠아즈 시트의 모양이 망가졌거나, 여분이 남은 경우 잘게 썰어 견과류와 함께 180℃로 예열한 오븐을 165℃로 맞춰 15~20분간 구워 바삭하게 만들어주세요. 바삭하고 달콤한 시트와 고소한 견과류가 잘 어울어져 훌륭한 간식이 됩니다. 요거트나 우유에 말아 시리얼처럼 먹어도 맛있습니다.

Editor's Pick

DACQUOISE

2년 전 여름, 우연히 들른 한 카페에서 다쿠아즈를 처음 만났습니다. 마카롱과 비슷한 듯 비슷하지 않은 이 낯선 디저트에 대한 호기심으로 생전 처음 다쿠아즈라는 것을 맛보게 되었습니다.

마카롱의 쫀득한 식감을 생각하고 한입 베어 문 순간 예상했던 것과는 완전히 다른 식감에 놀라게 되었지요. 파삭한 첫맛에 한 번, 촉촉한 속맛에 두 번, 우유를 탄 듯 고소하고 진한 크림에 세 번 놀랐습니다.

그 후 맛있고 개성 있는 다쿠아즈를 찾기 위해 다양한 디저트 가게를 돌아다녔습니다. 다쿠아즈를 처음 맛본 카페도 훌륭했지만 종류가 다양하지 않아 전문 디저트 가게를 찾게 되었고 어렵지 않게 카페장쌤을 알게 되었습니다.

카페장쌤은 맛있는 디저트로 유명한 카페이기도 했지만 홍대 베이킹 클래스로도 유명한 곳이었고 지금처럼 다쿠아즈가 유행하지 않은 시절부터 다쿠아즈 클래스로 인기가 많았던 곳이기도 했습니다.

카페장쌤의 다쿠아즈는 정말 매력
적이었습니다. 완벽한 시트와 재료
의 맛이 살아있는 진한 크림, 씹는
맛을 더해주는 다양한 토핑들, 무
엇보다도 수십 가지가 넘는 다쿠아
즈 모두가 개성 넘치고 하나하나가
정말 맛있었습니다.

결국 장은영 선생님을 설득해 도서
로 출간하게 되었고 오랜 시행착오
끝에 다쿠아즈에 관한 모든 노하우
와 맛있는 레시피를 한 권의 책에
오롯이 담을 수 있게 되었습니다.

수많은 디저트 레시피북 속에서 유일한, 그리고 다쿠아즈 단일 메뉴 레시피로는 첫 도서인 이 책이 베이킹을 좋아하는 초보자 분들부터 카페 디저트 메뉴를 구상하는 셰프 분들 모두에게 알차고 유익한 실용서로 활용되었으면 합니다. 또한 이 매력적인 디저트, 다쿠아즈가 지금보다 더 많은 분들에게 사랑받기를 희망합니다.

인기 레시피와 수업 노하우를 아낌없이 풀어주시고 책을 위해 더 맛있는 새 메뉴를 개발해주신 장은영 선생님께 진심으로 감사드립니다. 또한 촬영을 위해 새벽부터 요리 준비를 도와주신 장은영 선생님의 어머니, 하루 10시간 넘는 촬영을 수일간이나 열정적으로 진행해주신 김남헌 포토그래퍼, 알찬 내용을 더 멋지고 아름답게 만들어주신 한희정 디자이너에게도 감사의 말씀을 전합니다.

2018년 9월, 더테이블 기획편집팀

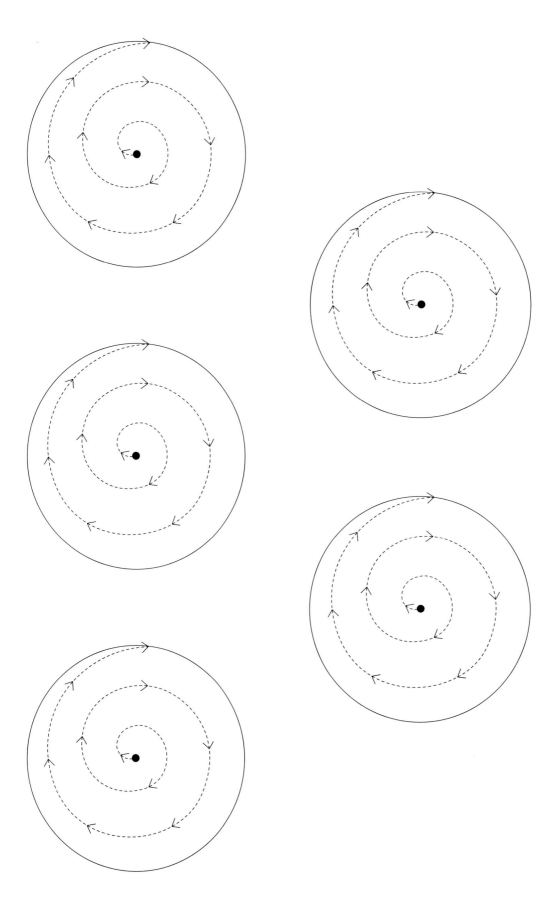

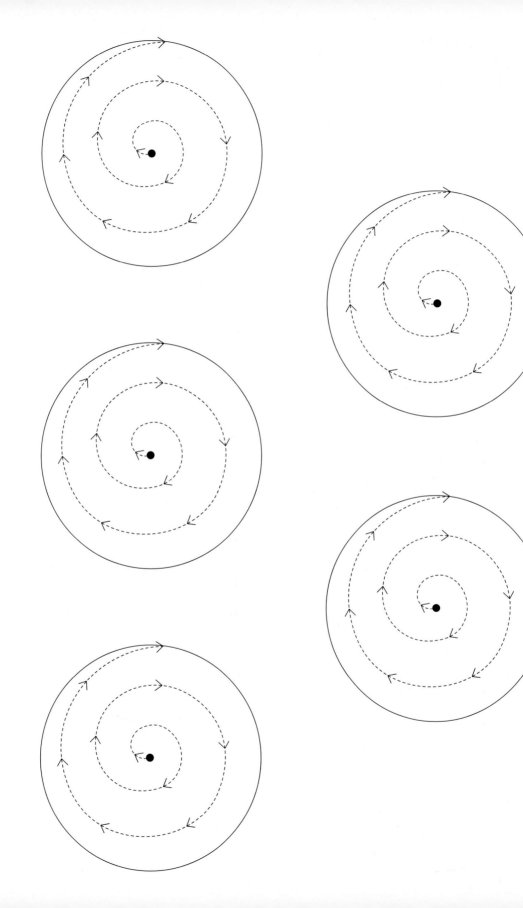

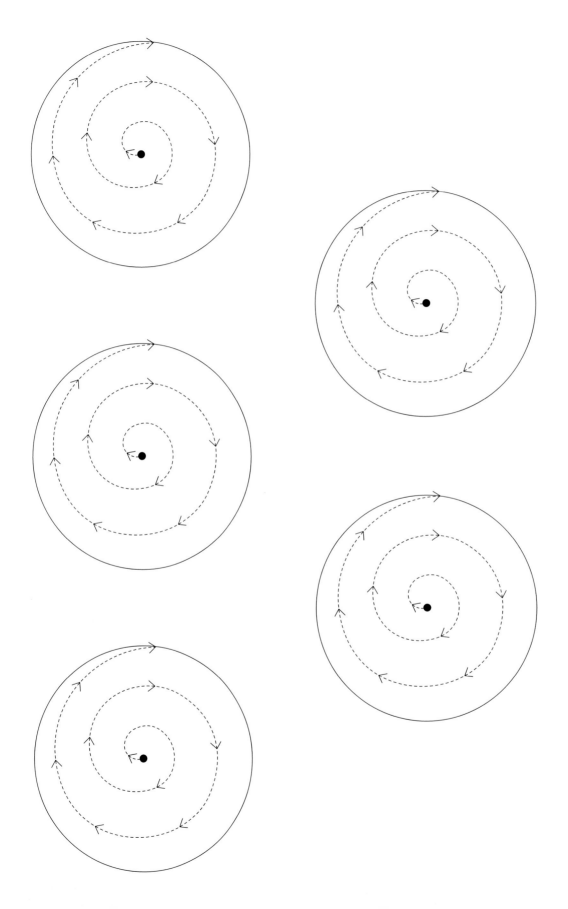